本书受到上海研究院"我国长期护理保险制度试点重大调研"项目资金资助，为该项目成果。

上海研究院智库报告系列

丛书主编　李培林

中国长期护理保险：
试点推进与实践探索

PILOT AND PRACTICES OF
CHINA'S LONG-TERM CARE INSURANCE SYSTEM

张盈华　主编

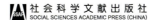
社会科学文献出版社
SOCIAL SCIENCES ACADEMIC PRESS (CHINA)

"上海研究院智库报告系列"编委会

主　编　李培林

副主编　李友梅　赵克斌　周国平

编　委　杨会军　朱　承　林　盼　李　青

前　言

21 世纪以来，中国进入老龄化快车道。2016 年底，国务院印发
《国家人口发展规划（2016—2030 年）》（国发〔2016〕87 号），对我
国老龄化做出了基本判断，即"中国老龄化水平及增长速度将明显高
于世界平均水平"，预计到 2030 年，我国 60 岁及以上老年人口将占
到总人口的 1/4，相当于 2000 年的 2.5 倍。人口老龄化的加快将明显
加大社会保障压力，为防范和化解对经济增长的不利影响，我们应实
施积极的老龄化政策。

一　政策的提出与调研背景

针对老年人的生活消费、疾病诊疗和长期护理三大类需求，建立
养老保险体系、医疗保险体系和长期护理保险体系，是那些已步入老
龄化的发达国家的普遍做法。从 20 世纪 90 年代开始，我国的养老保
险体系和医疗保险体系从逐步建立到不断完善，但长期护理保险体系
的建设始终未受到重视。

一方面，对于每个个体来说，步入老年直至衰亡，不可避免地要
遭遇失能状态，发生的概率几乎是 100%，只是发生的时间及持续周

期的长度难以预测。另一方面，核心家庭数目大、老年空巢现象普遍、退休收入又难以应对日益昂贵的护理费，人们对老年生活的担心不仅体现在养老金收入不足、医疗保险自付压力大，还将体现在失能时无人照料的恐慌上。老人们愈加期望"失能后有尊严，离去时无痛苦"。社会需求的变化，呼唤社会政策的调整：应对老年失能问题，不再是仅对"三无""五保"等特殊弱势群体进行基本生存保障，而是面向所有社会成员，确保其"有尊严老去"的长期生活保障。

应对老龄化，离不开两大要素：服务和资金。

在服务体系建设方面。2013 年《国务院关于加快发展养老服务业的若干意见》（国发〔2013〕35 号）中提出"到 2020 年，全面建成以居家为基础、社区为依托、机构为支撑的，功能完善、规模适度、覆盖城乡的养老服务体系"，2016 年 12 月《国家人口发展规划（2016—2030 年）》（国发〔2016〕87 号）将这一服务体系进一步明确为"以居家为基础、社区为依托、机构为补充、医养结合"。为了推动养老服务体系的建设与完善，在国务院统一部署下，发改委、民政部、住建部、财政部、全国老龄委、商务部、卫计委、国土资源部、人社部等多个部委以及一行三会（央行、保监会、银监会、证监会），联合或独立发文，在服务供给、用地、融资、设施建设、服务标准、人才培养、养老服务需求评估等方面推出政策，推动养老服务体系建设和养老服务业发展。

在筹资体系建设方面。2016 年 3 月《中华人民共和国国民经济和社会发展第十三个五年规划纲要》（简称《"十三五"规划纲要》）的出台，提出将"探索建立长期护理保险制度，开展长期护理保险试点"作为推进健康中国建设的重要措施；《"健康中国 2030"规划纲要》的发布，再次强调"全面建立经济困难的高龄、失能老人补贴制度，建立多层次长期护理保障制度"，《国家人口发展规划（2016—

2030 年)》的印发，明确了"探索建立长期护理保险制度，开展长期护理保险试点。全面建立针对经济困难高龄、失能老年人的补贴制度，做好与长期护理保险的衔接"。长期护理保险制度建设步伐加快。2016 年 6 月，人力资源和社会保障部发布《关于开展长期护理保险制度试点的指导意见》，将承德市、长春市、齐齐哈尔市、上海市、南通市、苏州市、宁波市、安庆市、上饶市、青岛市、荆门市、广州市、重庆市、成都市、石河子市等列为长期护理保险制度试点。试点地区的选择，不仅兼顾了不同经济和人口条件，也反映了长期护理保险制度建设的复杂性。

为了深入了解各试点模式的环境条件，对其政策进行深入解析，本研究结合《"十三五"规划纲要》《"健康中国 2030"规划纲要》《国家人口发展规划（2016—2030 年）》等国家积极应对老龄化的政策，提出适应我国社会主义市场经济体制的长期护理保险制度模式。中国社会科学院世界社保研究中心受中国社会科学院—上海市政府上海研究院委托，由郑秉文教授带队，成立"我国长期护理保险制度试点重大调研"项目组，对各地长期护理保险实践进行深入调研。

此项调研的主要目的：一是服务决策，及时掌握长期护理保险各个试点的政策方案、实施背景和保障措施，对试点方案的适用性做出科学判断，有助于为中央决策提供重要参考；二是广泛交流，将多年积累形成的学术思考与一线经办管理人员进行交流，有助于夯实研究基础；三是传播知识，通过对国（境）外和国内其他地区的经验的宣介，有助于丰富试点地区决策部门的思路。

二　已有研究与国外实践

国内对于长期护理保险的研究始于 21 世纪初，在 2012 年之前，研究集中在商业护理保险产品及市场需求分析上。2012年青岛在国内率先启动长期护理医疗保险制度试点，国内对长期护理社会保险的研究开始增多，2013年国务院发布35号文，养老服务业发展加速，进一步带动对长期护理保险筹资的研究，《"十三五"规划纲要》发布后，长期护理保险制度研究激增，2016年以"长期护理保险"为题的学术论文超过150篇（CNKI检索，含报纸文章和学位论文），占该词条论文总数（自1998年以来）的30%。

从建立长期护理保险制度的必要性来看，已有研究的结论基本一致，即中国人口老龄化加剧、家庭养老功能弱化、医疗护理费用支出增加、商业护理保险供给不足等（韩振燕，2012；盛和泰，2012；吕国营、韩丽，2014；荆涛、杨舒，2016），但在模式选择上，存在明显的区别，比较有代表性的包括：盛和泰（2012）提出建立多方筹资渠道，将医疗保险结余基金划转、政府财政补贴、企业和个人缴费等多种方式结合起来，充实长期护理保险基金，并交由市场机构运营；荆涛、杨舒（2016）认为目前社会保险费率高企，不宜另建长期护理保险项目，可以采用政府补贴、购买商业护理保险产品的方式，即政策性长期护理保险模式；曹信邦（2015）、朱铭来（2016）则认为应建立政府补贴、企业和个人缴费的三方筹资机制，对于企业缴费来说，在总缴费负担不增加的情况下，调整其他社会保险的缴费率，为长期护理服务筹资。

从实践来看，青岛市（2012年）、长春市（2015年）、南通市（2016年）是最先试点长期护理保险制度的三个城市，采取的模式大致相同，基本是通过调整统账结构、医疗保险基金结余划转资金的方式筹资。2016年以后，长期护理保险制度模式的探索开始多样化，北京市海淀区探索互助保险模式，上海市在三区试点采取单位和个人缴费的独立筹资模式，成都采取分年龄段区别缴费的模式。这些多样性的试点模式亟须研究其适用性和推广性，也是本项目研究的出发点。

从发达国家走过的道路来看，老年长期护理制度经历了四个发展阶段。第一阶段是20世纪50年代以前，福利制度逐步从以"济贫"为主转向重视"防贫"，这个时期老年护理主要是家庭责任。第二阶段是20世纪50~60年代，福利国家兴起并快速发展，长期护理筹资模式逐步制度化，长期护理保障开始成为社会福利体系的一个组成部分，在此期间荷兰建起世界上第一个长期护理保险制度。第三阶段是20世纪70~90年代，"就地老化"（aging in place）思潮涌现，各国政府出台政策鼓励和引导人们从护理机构回到社区，并支持长期护理商业保险的发展。第四阶段是20世纪90年代以后，在"积极老化"（active ageing）理念的推动下，居家护理、社区护理和机构护理共同发展，非营利组织的参与度提高，不过长期护理商业保险始终发展较为缓慢，这期间德、日、韩相继建起长期护理保险制度。

从已建立的长期护理制度看，筹资模式可以分为两类：财政筹资和社会保险筹资。前者集中在瑞典等北欧"社会民主主义"福利国家和南东欧"家庭主义"福利国家；后者集中在欧洲内陆和日韩等"合作法团主义"福利国家。其中，利用保险机制筹资的又有两种不同渠道：一是建立独立制度，如荷兰、以色列、德国、日本和韩国，建立了强制性社会保险制度，通过缴费来筹资；二是从医疗保险基金中列支，代表国家是法国、奥地利和比利时等。

目前，全世界只有荷兰、以色列、德国、日本和韩国等五个国家单独建立长期护理保险制度，随着老龄化步伐加剧和服务价格不断上升，这些国家长期护理社会保险的财务状况日趋严峻。此外，法国和美国都曾动议建立长期护理社会保险，但终未施行。这些说明，长期护理保险的制度化并非坦途。

首先，已经建立独立的长期护理保险制度的国家正面临严峻的财务可持续问题。荷兰在 1968 年第一个建立了长期护理保险制度，以色列、德国、韩国和日本随后跟进，但全世界也只有这个五个国家建立了独立的长期护理保险制度，总覆盖不到 3 亿人。人口年龄结构高龄化、养老服务价格日益升高，这些都造成长期护理费用支出飞涨，基金支出超出了设计预期，财务状况越来越严峻。德国在 1994 年引入长期护理保险制度，缴费率为 1%，由雇主和雇员分担，2004 年起退休人员开始按养老金收入的 1.7% 缴费，2008 年长期护理保险的缴费率提高到 1.95%，到 2017 年升至 2.55%（无子女的参保人缴费率为 2.8%），成为紧随养老保险和医疗保险的第三大社会保险项目。这是因为长期护理保险的支出不断增加，危及制度的财务可持续性，迫使政府不断扩大筹资来源。日本于 2000 年建立长期护理保险制度，在职人员按工资的 0.6% 缴费，65 岁及以上老年人按定额缴费，在长期护理总支出中，社会保险、政府和个人分担的比例分别是 45%、45% 和 10%，政府补助比重高。2000~2015 年，日本长期护理保险支出由 3.6 万亿日元增加到超过 10 万亿日元，预计到 2025 年支出还将翻倍。同期，65 岁及以上老年人的缴费额从每月 2911 日元增加到 5514 日元，15 年翻了近一番。由于日本长期护理保险的补贴主要来自政府债券融资，不断上升的长期护理保险制度成本将给后代人留下沉重负担。

其次，拟建独立长期护理保险制度的国家因对财务可持续的担忧而半途止步。除了上述五国，实际上也有其他国家探索过长期护理社会保险。1979 年法国的一份官方报告中就曾提到要建立长期护理保险制度，萨科齐一上任就要将长期护理保险作为第五项社会保险推出，但直到卸任也未能如愿，其继任者反倒因为抵制这项险种获得更多选民支持。2010 年美国政府也曾讨论借医改之机推出自愿缴费的

长期护理保险制度，结果，不仅共和党强烈反对，就连执政的民主党
也不支持，究其原因，都集中在长期护理保险的财务可持续性问题
上，反对者担心无法控制的费用支出会将政府拖下水。法国人是因德
国长期护理保险连年赤字、政府不得不提高费率而被吓退，美国人则
是将长期护理保险制度视作"庞氏骗局"，因担心高额成本给政府继
而纳税人增添负担而最终放弃。

从国际实践来看，长期护理保险模式多样，其中又以大陆法系的
社会保险模式和英美法系的社会救助模式为主要代表。这两类制度模
式也是目前国内理论界争论的焦点。2016 年 6 月，人社部办公厅发布
的 80 号文中明确"探索建立以社会互助共济方式筹集资金，为长期
失能人员的基本生活照料和与基本生活密切相关的医疗护理提供资金
或服务保障的社会保险制度"，即我国长期护理筹资模式的定位是社
会保险。

三　调研的意义

基于上述国内外理论和实践发展的现况，以国内 15 个城市的试
点及其政策模式作为研究对象，展开全方位、多主题的调研活动，以
专业工具、冷静思维、国际视野对试点政策进行分析评估，探索中国
长期护理保险制度模式，其理论和实践意义重大。

首先，丰富国内长期护理保险理论研究。对试点地区进行深入调
查，评估其试点政策及其实施条件，为长期护理保险制度建设的理论
分析提供详细的实证资料，这将是国内首次对长期护理保险制度实践
的评估。在此之前，国内理论界对长期护理保险制度的研究几乎是基
于国外经验，其中又以德国和日本经验为主，几年来关于国外长期护

理保险制度介绍的学术文章近百篇，而国内相关制度研究则多停留在制度必要性分析和制度设想上，目前急需来自国内的实践资料，为理论研究提供实证素材。

其次，为政策决策提供科学依据。对试点方案的评估与建议，不仅可为试点地区政府提供完善试点方案的决策参考，也可为中央制定国家层面长期护理保险制度和健全长期照护服务体系提供参考。对长期护理保险筹资、给付、基金平衡等的评估，离不开长期护理服务供给和护理需求评估的研究，调研和评估工作还将助力相关部门在服务供给体系和需求评估体系方面的建设，为这两个领域的决策提供重要借鉴。

最后，拓展国内社会保险领域的研究。在"三去一降一补"的大政下，在逆全球化趋势对国内企业成本的重压下，如何在不增加（进一步还要减轻）企业负担的情况下，为全体国民再建一道失能风险的保障，对政界、学界都是不小的挑战。通过调研进而对长期护理保险制度模式进行深入探讨，将会丰富和重构我国社会保险体系，其理论引导意义值得关注。

四 调研的主要内容与调研对象的典型性

1. 调研的主要内容

（1）护理需求调研。在全国选取重点城市进行问卷调查，了解老年人及其家庭成员对长期护理的需求及其购买服务的支付能力。

（2）试点方案内容。包括覆盖面、筹资来源、护理鉴定标准、给付标准、控费手段、费率确定、风控方式等。

（3）商业机构参与。包括商业机构承保或共保的组织形式或合作机制，如何最大化激励商业机构提高承保效率等。

（4）政府责任界定。在筹集资金、护理鉴定、费用兜底、公私合作伙伴关系等方面，各试点地区确定的政府责任。

（5）横向归类比较。分析比较试点地区的长期护理保险方案。

2. 调研对象的典型性

在上述 15 个试点城市中，课题组选取山东省青岛市、吉林省长春市、江苏省南通市、上海市、四川省成都市以及台湾地区作为重点调研地点，对其他试点城市及个别非试点城市将采取电话调研方式。调研地点的选取具有典型性。

（1）山东省青岛市。2012 年 7 月，青岛市在全国率先启动"长期医疗护理保险"制度，由多家商业机构参与承保，管理数据齐全、试点经验成熟。2015 年因受基金支付压力，该市对试点方案的待遇标准做了下调，这一政策动向值得密切关注，对长期护理保险财务可持续性的研究至关重要。

（2）吉林省长春市。2015 年 5 月，长春市启动"失能人员医疗护理保险"制度，是财力较弱地区建立长期护理保险制度的典型代表，也是目前唯一由社保经办机构自行管理（无商业机构承保）的试点城市，其经验和问题都具有典型性。

（3）江苏省南通市。2016 年 1 月，南通市启动"基本护理保险"制度，是深度老龄化地区的典型代表。制度实施之前，南通市的老龄化率已经超过 26%，比当年全国平均水平高出 10 个百分点，对长期护理保险制度的渴望非常迫切。此外，该市首创四家保险机构共保模式，也十分值得深入研究。

（4）上海市。2016 年底，上海市选出徐汇、普陀和金山三个区试点长期护理保险制度。据悉，其试点政策与青岛、长春和南通等地完全不同。这三个城市均采用"护理保险跟从医疗保险"的方式，而上海的试点则采取个人缴费与财政补贴相结合的独立社会险种，其制度设计具有独特性。

（5）四川省成都市。2017 年 7 月，成都市启动实施长期护理保险制度，在试点制度结构上与青岛、长春和南通三市类似，只是在筹资数额、给付标准上略有差异。选取成都作为重点调研地点的原因是，这个城市很有可能成为中国首个长期护理相互保险的试点城市，即用相互保险的方式打造长期护理保障制度的第二支柱。

（6）北京市海淀区。海淀区并非试点，但在区民政局的支持下，创新探索了以"政府推动、政策支持、自愿投保、商业化经营、社会化运作"为特征的长期护理商业保险模式，是全国范围内唯一一个政府主导、脱离社保、商业化运作的护理险项目。这种政商合作的形式可为建立长期护理补充险探得经验。

目 录
CONTENTS

总报告

长期护理保险的试点探索与制度选择 / 003

一 长期护理需求调查及发现的问题 / 004

二 15 个城市试点比较与发现的问题 / 009

三 构建长期护理保险制度应注意几个问题 / 014

调研报告

青岛：长期护理保险制度的"吃螃蟹者" / 023

一 青岛市基本经济和人口背景 / 023

二 青岛长期护理保险制度的建立发展过程 / 025

三 青岛市长期护理保险制度框架 / 027

四 青岛市长期护理保险制度的运行成效 / 032

五 青岛市长期护理保险制度主要的发展经验和面临的问题 / 037

长春：失能人员医疗照护的"坚守者" / 043

一 长春市失能人员医疗照护需求测算 / 043

二　长春市失能人员医疗照护保险制度概况 / 047

三　长春市失能人员医疗照护保险发展与问题概况 / 060

南通："全覆盖"的基本照护保险 / 064

一　南通市人口与经济环境分析 / 065

二　南通市基本照护保险制度的核心内容 / 068

三　南通市基本照护保险制度的实施情况 / 072

四　南通市基本照护保险的政策动态与经验借鉴 / 079

上海：建成较为完善的长期护理需求评估和服务标准体系 / 088

一　基本背景 / 088

二　实践探索历程 / 093

三　制度基本内容 / 094

四　上海市长期护理保险制度的主要特色 / 097

五　上海市长期护理保险制度面临的主要问题 / 102

六　完善长期护理需求评估和服务标准体系的对策 / 108

成都：按年龄段区别缴费的长期护理保险制度 / 113

一　成都市经济与人口基本情况 / 113

二　成都市长期护理保险制度试点背景 / 116

三　成都市长期护理保险试点实施情况 / 119

四　成都市长期护理保险制度特征 / 129

五　主要结论与政策评价 / 132

北京海淀：商保承办的失能护理互助保险"试水者" / 135

一　海淀区开展居家养老失能护理互助保险的背景 / 135

二　海淀区居家养老失能护理互助保险概况 / 138

三　海淀区居家养老失能护理互助保险经验与问题 / 148

调研实录

青岛"长期医疗护理保险"制度试点调研实录摘要 / 157

一　青岛长期医疗护理保险试点基本情况 / 157

二　青岛长期护理服务情况 / 164

长春"失能人员医疗照护保险"制度试点调研实录摘要 / 168

一　访谈实录摘要 / 168

二　书面调研摘要 / 171

南通"基本照护保险"制度试点调研实录摘要 / 176

一　南通基本照护保险实施情况 / 176

二　南通市某护理院 / 187

上海"长期护理保险"制度试点调研实录摘要 / 195

一　上海市长期护理保险试点背景和基本情况 / 195

二　上海市长期护理服务机构调研情况 / 200

三　现场提问与回答 / 202

成都"长期护理保险"制度探索调研实录摘要 / 204

一　成都长期护理保险制度建立的背景 / 204

二　访谈实录摘要 / 205

北京海淀"失能人员医疗照护保险"调研实录摘要 / 212

一 海淀区失能护理互助保险情况简介 / 212

二 访谈实录摘要 / 213

后 记 / 220

总报告

长期护理保险的试点探索
与制度选择

　　长期护理保险是进入 21 世纪和老龄化社会后中国政府提出的一项全新社会保险项目。进入 21 世纪以来，老龄化和老年保障问题越来越受关注。党的十八届五中全会首次提出探索建立长期护理保险制度，旨在打造老年保障的"终极安全网"。长期护理针对的是因疾病、伤残、年老等风险导致日常生活自理能力受损、需要他人照顾或协助的一项长期服务，有别于医疗诊治，也不同于家政服务，其服务对象是长期处于失能或失智状况的群体。2016 年 6 月，人力资源和社会保障部办公厅发布《关于开展长期护理保险制度试点的指导意见》（以下简称"80 号文"），在全国选择 15 个城市试点，开启了探索长期护理保险制度之路。2017 年 7 ~ 9 月，中国社会科学院世界社保研究中心"我国长期护理保险制度试点重大调研"项目组对青岛、长春、南通、上海、成都等试点地区以及北京海淀、厦门等非试点地区进行实地调研，对台湾地区进行文献调研，并对中国保险行业协会专项调研的数据进行了统计分析，形成了对长期护理需求和长期护理保险制度试点等问题的基本认识。

一 长期护理需求调查及发现的问题

（一） 长期护理需求量的估计

全国老龄工作委员会根据失能人口占老年人口比率以及老龄化进程估测未来的失能人口规模。例如在 2010 年曾预测，截至 2010 年底我国 1.78 亿 60 岁及以上人口中有 3300 万部分失能和完全失能老年人，占老年人口的 19.0%，并据此预测到 2015 年部分失能和完全失能老年人达到 4000 万人[①]。2016 年 10 月全国老龄委办公室发布《第四次中国城乡老年人生活状况抽样调查》，验证了 2010 年的预测。调查结果显示，截至 2015 年，我国 60 岁及以上老年人口已超过 2.22 亿，占总人口的比例为 16.1%，失能、半失能老年人已达 4063 万人，占老年人口比率达 18.3%[②]。

老龄委通过调查验证了失能与人口老龄化二者间的密切关系，因而，采用老龄化人口一定比例预测失能人口规模的方法在缺乏人口健康历史数据的情况下成为当前估测失能人口规模所普遍使用的一种估测手段，这种预测技术实际上与世界卫生组织（WHO）的健康期望寿命预测原理相同。WHO 将健康预期寿命（HALE）定义为一个人在某个年龄不受疾病、死亡和机能障碍的影响，有望在健康状态下生活的年数[③]。健康预期寿命与预期寿命之间的差值，代表的是人群需

[①] 吴玉韶等编《2010 年中国城乡老年人口状况追踪调查数据分析》，中国社会出版社，2014 年 5 月。

[②] 民政部：《三部门发布第四次中国城乡老年人生活状况抽样调查成果》，http://www.mca.gov.cn/article/zwgk/mzyw/201610/20161000001974.shtml。

[③] World Health Organization. (2012b). *Healthy life expectancy (HALE) at birth. In: Global Health Observatory (GHO)*. Geneva: WHO (http://www.who.int/gho/mortality_burden_disease/life_tables/hale/en, accessed 20 April 2015).

要医疗护理服务的可能情况。根据 WHO 的研究，日常护理需求主要受与年龄密切相关的慢性疾病（尤其是脑卒中和老年痴呆症）和虚弱人群数量（WHO，2002）影响[1]，并据此依据老年人口结构预测失能人口。例如 WHO 在 2010 年测算中国需要日常护理的人数为 7620 万人，其中 60 岁及以上的老年人为 2530 万人，占需要日常护理总人数的 33%[2]。

（二）来自 24 个城市的问卷调研

为了更详细了解长期护理需求，中国保险行业协会在全国选择 24 个城市进行问卷调研。这 24 个城市被分为两组，一组是长期护理保险制度试点城市，另一组是经济和人口规模近似的城市，其中还包括已经试行居家养老失能护理互助保险的北京市海淀区。问卷调研采取两个量表，其中采用 WHODAS 量表的城市包括广东省广州市和东莞市、湖北省荆门市和襄阳市、安徽省安庆市和蚌埠市、江苏省苏州市和南京市、浙江省宁波市和绍兴市，回收问卷 16077 份；采用 ADL 量表的城市包括北京海淀区与朝阳区、四川省成都市与攀枝花市、山东省青岛市与烟台市、江西省上饶市与鹰潭市、江苏省南通市与镇江市、吉林省长春市与吉林市，以及上海市徐汇区、金山区、普陀区、浦东新区、黄浦区与长宁区。共计回收问卷 21978 份。

1. 入住各类机构的受访者约占被调查者的 5.43%

机构服务越发达的地区，这一比例越高。在 24 个调研城市中，采用 ADL 量表的受访者入住医院、护理院和养老院比率为 5.56%，

---

① World Health Organization（WHO）.（2002）. Current and future long – term care needs. Geneva：WHO.

② World Health Organization.（2012b）. Healthy life expectancy（HALE）at birth. In：Global Health Observatory（GHO）. Geneva：WHO（http://www. who. int/gho/mortality_ burden_ disease/life_ tables/hale/en, accessed 20 April 2015）.

采用 WHODAS 量表的这一比例为 5.28%，全部样本总体接受机构服务的比率为 5.43%。

2. 80 岁以上受访者的空巢率达到 40% 以上

在被调查的 24 个城市中，加权空巢老人占被调查对象总量的 53.63%，独自居住比率达到 11.10%。其中，80 岁及以上老人只有 9.13% 入住医院、护理院以及养老院，空巢率在 40% 以上。以 WHO 预测为例，2013 年中国 80 岁及以上老年人有 2260 万人，到 2050 年，该数字将达 9040 万，成为全球最大的高龄老年人群体[①]之一。这意味着，随着时间的推移，中国将有规模惊人的群体需要长期护理服务。

3. 约有 0.6% ~ 0.8% 的受访者至少有一项完全依赖他人

由于量表指标有区别，ADL 调查显示受访者中有 9.4% 的人至少有一项需要较大帮助，WHODAS 调查显示有 9.2% 的受访者至少有一项遇到了严重困难；ADL 调查显示受访者中有 0.6% 的人至少有一项完全依赖他人，WHODAS 调查显示至少有一项极度严重或无法完成的受访者占 0.8%。此外，WHODAS 的结果揭示出老年人的学习、社交能力存在相当程度的问题。

4. 有 8.81% 的受访者需要但未得到照护服务

在所有受访者中，当前正在接受各种形式护理服务的受访者群体占总人数的比率为 17.26%，还有 8.81% 的受访者需要护理服务，但却得不到服务。由于调查涉及的是护理服务，而不仅仅是长期护理服务，因而，结论是老年人的护理状况令人担忧，长期护理情况更不乐观。

在"有护理需要却没有得到护理服务"的成因调查中发现了三

---

① World Health Organization. (2012b). Healthy life expectancy (HALE) at birth. In: Global Health Observatory (GHO). Geneva: WHO (http://www.who.int/gho/mortality_burden_disease/life_tables/hale/en, accessed 20 April 2015).

条影响因素：一是没有家人或亲友可以照顾，占该部分群体总量的 22.36%；二是经济实力不足以请人照顾，这一部分群体占比为 45.86%；三是找不到合适的护理人员或机构，这一部分比率为 31.34%。

5. 约有15%的老年人愿意接受护理服务

调查显示，不同身体状况的受访者都存在护理需求，即使身体状况良好也有26%的群体表示需要护理服务。总体来看，随着身体状况的恶化，护理需求持续上升，但是如果身体状况糟糕到了极点，对护理的需求反而有所下降（这应该与调查对象以居家为主有很大关系，失能最严重者应该对专业机构照护的需求增强）。

6. 有超过20%的受访者希望得到机构照护

在所有受访老年人中，愿意接受护理的重度失能者占4%左右、中度失能者约10%，合计可以认为老年人口总量的15%是愿意接受护理的最大可能规模。其中，偏好居家照料（由家人、亲属、保姆、钟点工或护理员）的群体占受访者的62.67%。按照偏好程度排序，老年人护理需求依次为：老年公寓或养老院、医院病房、护理院、社区护理站点、其他。将偏好入住老年公寓或养老院和护理院的加总起来，受访者中有22.60%的人愿意接受护理机构服务。

（三）长期护理需求亟待满足

随着人口老龄化程度的加深，各种慢性病、常见病占据病床的情况成了中国医疗发展的常态——近十年来，中国的临床住院率急剧攀升。这一结果也在调查中有所显示，在表示护理服务偏好时，有10%的受访者表示偏好在医院，医院也在某种程度上成为一种养老院，这种资源的错误配置降低了整个社会的运行效率。不过，在试点城市中出现了入住养老院人口爆发式增长的情况，在某种程度上说明现行的长期护理保险可促进养老服务产业的发展。

　　除了制度设计可能改变需求之外，调查还揭示出长期护理的短期需求和长期需求之间可能存在巨大差距。单纯从偏好角度出发（不考虑服务可获性、经济条件等限制因素），只有 27% 左右的群体表示需要护理服务，其中又只有 22% 左右的群体偏好机构服务（另有 10% 偏好医院），在这些偏好中，还有一半受访者身体状况良好。这意味着，如果存在明确的居家长期护理政策的话，短期最多有老年人口总量 3% 左右的群体可能入住长期护理服务机构，这一数字也可以成为全社会短期之内建设护理服务机构的目标所在。但是，如果缺乏适当的居家养老政策，相当数量偏好于居家的护理需求者，将随着身体情况的恶化而不得不选择机构服务，需求将在未来不长的时间内被急剧放大两到三倍。

　　更重要的是，仅仅依靠意愿和现况判断长期护理需求是不够的。当前，80 岁及以上空巢老人家庭超过 40%，他们没有子女或亲属照料，而身体情况随时可能因为一场疾病或意外急剧恶化，从某种意义上看，当前老年人口的 10% 是身体状况极差的群体，将是长期护理制度的潜在需求者，这部分需求将随着人口老龄化程度的加深逐步释放出来。

　　尤其是，目前我国居家养老的基础已经相当薄弱。一直以来，家庭是老年人照料的主要承担者，但在我国长期实行计划生育政策的影响下，家庭结构迅速变迁——目前核心家庭多，大家庭数量日益减少，空巢家庭数量日益增多，传统的家庭照料模式已经无法维系，事实上已经形成老年人以自我照料为主、请保姆和子女轮流照料为辅的家庭照料模式。

　　因而，从老年人身体健康状况、老年人需求和意愿角度出发，未来中国的长期护理保险制度，需要在居家养老、社区养老以及机构养老三方面均衡发展，打破居家养老与社区养老以及机构养老之间的界限，共同为老年人提供合适的健康服务。留给建立能够满足老年人经济、健康和精神需要的综合长期护理制度的时间窗口，已经越来越小了。

二 15 个城市试点比较与发现的问题

山东省青岛市于 2012 年 7 月在全国率先开始实施长期医疗护理保险，依靠医疗保险基金筹资，为医疗保险参保人报销部分长期医疗护理费用；2015 年 5 月，吉林长春开展了类似制度探索；2016 年 1 月，江苏南通正式实施基本照护保险制度，通过政府、个人、医保基金等多渠道筹资，基本框架和制度设计与人社厅 80 号文的试点方案十分接近。其他试点城市则主要是在人社厅下发 80 号文后，陆续开展长期护理保险试点。不过，自全国试点以来的一年半中，虽然各地试点方案陆续推出，但从制度设计和实施情况来看，仍有不少亟待改进的地方。

（一）过半数试点地区依赖医保基金筹资，缺乏可持续性

通过已经出台试点方案的十余个试点地区的资料看，多数试点地区护理保险基金主要或者全部源自医保统筹基金、医保个人账户划转，典型试点城市如承德、长春、安庆、上饶、青岛等；上海市和成都市即使规定了单位缴费比例，但目前在先行试点期间，单位缴费仍由医保基金结余或者医保统筹基金划转，个人暂不缴费。只有其他少数几个地区，如南通、苏州、荆门，相对而言，财政补助占比较大。以南通为例，南通目前财政补助占比 40%，未来南通市计划视人均可

支配收入增长和基金收支情况调整，资金筹集方向是逐步提高个人缴费、财政补助所占比重，逐步降低甚至取消医保统筹基金的划拨额度。

上述各地筹资水平的确定，与当前各地的经济社会背景紧密相关，当前中国经济发展面临新常态、增速放缓，而且企业既有缴费负担重，各地很难再对护理保险基金进行单独筹资。上文提到的上海、成都等少数地区虽然规定了单位缴费和个人缴费比例，但目前仍从医保基金、医保个人账户中划拨，尚未对单位缴费进行征收。

实际上，长期看这种主要或单纯依靠医保基金的筹资模式不可持续也缺乏合理性。不可持续是因为目前采取这种筹资模式的地区主要是医保基金结余比较充足、基金支付压力不大的地区，但中国还有很多地区，尤其是欠发达地区的医保基金支付压力较大[1]，这些地区再从医保基金中筹资会很困难。不合理是因为，每一项社会保险基金的筹集和支出都是有既定目标群体的，支付范围也是既定方向的。社会医疗保险制度的建立主要是减轻参保人因疾病风险的发生而丧失的经济损失，与长期护理保险的支付范围和保障目标并不相同——长期护理保险不仅覆盖参保人的医疗护理需求而且覆盖其日常生活照料需求。医疗护理尚与医疗保险有相关关系，但日常生活照料费用的支出，按照规定是不能由医保基金筹资的。所以，基于此，未来中国考虑构建长期护理保险制度时主要依靠医疗保险基金筹资是不合理的。

（二）基于基金筹集能力，多地保障水平有限且对象以重度失能人员为主

从已经发文的十余个试点地区的试点方案看，护理保险的筹资主

---

[1] 何宪主编《中国人力资源和社会保障年鉴 2014》（工作卷），中国劳动社会保障出版社、中国人事出版社，2014，第 761 页。

要是从医保基金或划转个人账户筹资，一些地区也规定了财政补贴的额度，年财政筹资大致在 30 ~ 50 元。但在经济发展新常态和企业缴费压力增大的双重背景下，除上海地区以外，多数试点地区的护理保险试点方案确定的筹资水平并不高，年筹资水平较高的大致在 100 ~ 200 元，且多为城镇职工医保参保人筹资；年筹资水平较低的，大致在 20 元、30 元、60 元、80 元不等，且多为城乡居民医保参保人。南通等少数地区城镇职工和城乡居民筹资水平相同，例如南通市当年的年缴费为 100 元，其中个人和医保基金各承担 30 元，财政承担 40 元。

由于筹资能力有限，且制度在运行中遵循"以收定支、收支平衡、略有结余"原则，各试点地区提供的护理保险待遇水平并不高。从试点实施情况看，各试点地区居家护理的日包干额度一般不超过 50 元/天，一些低的地区不超过每天二三十元；机构护理日包干额度稍高，但一般也不超过 100 元/天，青岛"医疗专护"报销额度较高为 170 元/天，基本可以满足参保人的医疗护理需求但不覆盖生活照料费用。实际上，这样的保障水平难以满足参保人的实际长期护理需求。例如，在上海试点调研数据中显示，当前上海护理保险试点最大的困难在于服务项目与百姓需求脱节，上海居家照护每天只提供一个小时的服务，难以满足参保人连续性的服务要求。

不仅如此，在保障对象的确定上，多数试点地区基于基金的支付能力，首先将重度失能人员纳入制度保障范围，待时机成熟再逐步扩大至中度失能人员。例如，河北承德市、黑龙江齐齐哈尔市、江西上饶市等在试点方案中，明确规定护理保险试点期间只保障重度失能人员的日常生活照料和与之相关的医疗护理需求。再例如，长春市在试点方案中规定，试点初期只保障入住养老照护机构的重度失能人员的长期护理需求，2016 年长春又将 85 岁及以上的高龄老人纳入保障范围，但中度失能人员和居家养老的失能人员还没有纳入其中，而且制度并不能保障精神类失能人员。南通和青岛虽然按照护理需求评定标准，将中度失能人员纳入其中，但也只是失能较重的中度失能人员才能享受待遇，青岛实际执行的是《日常生活活动能力评定量表》中低于 55 分的参保人，南通规定是该表评分低于 50 分的参保人。

（三） 充分发挥第三方机构的经办服务能力

目前，试点地区的护理保险经办工作主要由医保经办机构负责，但当前我国各项社会保险业务经办能力有限，社保经办机构普遍存在"小马拉大车"的超负荷运转现象。针对这种情况，试点地区多采取委托第三方经办机构开展长期护理服务业务的做法。例如，南通市规定，"按照照护保险经办事务委托第三方参与经办、政府监督的管理模式，将受理评定、费用审核、结算支付、稽核调查、信息系统建设与维护等部分经办服务，通过政府招标委托有资质的专业机构参与经办，提高经办服务能力"。青岛市也将护理保险经办工作委托给两家保险公司，分别为中国人民健康保险股份有限公司参与职工护理保险的经办管理，中国人寿保险股份有限公司参与青岛居民护理保险的经办管理。这是试点中的普遍做法，也是未来值得继续坚持的地方。

（四） 提倡以居家服务为主

总体上，大多数试点地区都向参保人提供了居家服务和机构服务两种服务形式（长春未提供居家护理）。并且，鼓励以居家服务为主是很多试点地区的共同做法，这不仅符合中国老年人长期护理的需求，而且也与国际惯例相一致。根据南通的调研数据，截至 2017 年 5 月，南通市累计有 3373 人享受护理保险待遇，其中居家照护 2728 人，占比为 80.9%，其他不到 20% 为机构照护受益人。再以青岛为例，根据 2014 年的调研数据，青岛医疗护理保险享受居家护理的受益人占总受益人数的 88.9%[①]。此外，上海等地在制度设计上也鼓励以居家照护为主、机构为辅。

（五）服务项目与护理需求脱节，护理服务能力提供不足

当前，护理保险的定位是保基本，只提供最基本的日常生活照护和与之相关的医疗护理；而且，试点期间各地受制于基金筹集能力，对参保人所提供的服务项目、待遇标准都有限。例如，上海市在试点期间表现出两方面的问题，一是居家护理服务难以满足护理需求；二是机构护理服务难以满足护理需求。上海对拥有 10~49 张床位的护理机构发放福利机构证照，可以提供上门服务和机构照护；对 50 张床位以上的护理机构发放行政许可，只可提供机构照护服务。护理机构提供上门服务时，每次上门服务的时间只有一个小时，难以满足参保人连续性的服务要求。

服务提供能力不足，也是很多开展试点时间不长的地区面临的主要问题之一。例如，由于服务提供人员不足，南通 2017 年上半年才开展居家服务提供，调研时南通市只有 61 名工作人员提供居家上门服务。也正因为如此，南通上门照护服务达不到 100% 全覆盖。南通机构护理也面临类似问题，目前全市 6 家护理院的床位总和加起来不到 1000 张，护理能力缺口很大。这与护理服务从业人员的工作环境艰苦、工资待遇低有直接关系。同样以南通为例，2016 年的社平工资为 5000 元/月，但调研数据显示一些护理人员的工资包吃包住仅 2700 元/月，加上工作"苦脏累"，很难留住人[②]。

---

① 2014 年 6 月青岛调研资料。
② 2017 年 6 月赴南通调研的资料。

在服务能力不足问题中，农村服务能力短缺是制度建设短板中的短板。调研显示，青岛、南通等地都存在该问题。由于服务短缺，一些试点地区的农村老年人很难享受到护理保险待遇。以南通市为例，不同参保群体在享受待遇人群中的占比分别为：城镇退休职工占比为50.4%，城镇老年居民占比为37.6%，农村老年居民享受基本照护保险待遇的人数仅占全部受益对象的6.2%，主要原因是农村照护服务供给不足影响了照护保险的实施①。

三 构建长期护理保险制度应注意几个问题

（一）处理好缴费端和服务端的关系

现有的五项社会保险不同，长期护理保险不仅有现金给付，还有服务给付，而且以服务给付为主。"五险"的支付端或是现金（养老、失业），或是报销（医疗、工伤和生育），维护制度的正常运转需要处理好融资端与现金支付的关系，以确保基金收支平衡。而长期护理保险支付端的现金给付也是以帮助失能者购买到合适护理服务为目的，服务给付的意义重于现金给付。因此，长期护理保险制度的正常运转有两个先决条件：一是充足的筹资、合理的待遇以及基金的财务可持续性；二是服务市场健全和护理人才充足。长期护理保险需要融资端与服务端并重，不可偏废其一。在融资端，养老保险、医疗保险已经提供了一定的经验教训，而服务端的对接则是一个新的挑战，即如何带动长期护理服务产业的发展，提升护理服务品质。地方试点阶段既是正式制度建立之前的"过渡期"，更应是服务机构发展的

---

① 2017年6月赴南通调研的资料。

"准备期"。在这个方面，日本与韩国提供了一正一反两个案例。日本充分利用10年"黄金计划"，大力发展护理服务设施，效果显著；而韩国在护理保险制度启动前忽略了服务市场，初期就遭遇"瓶颈"。当下，中国大部分地区的长期护理服务市场刚刚起步，应该抓住试点机遇，大力发展护理服务业，注重护理服务人才引进、培训和评定，让资金链与服务业取得共同发展。

（二）处理宏观制度设计与中观地方实际的关系

如前文所述，长期护理保险需要缴费与服务齐头并进，不能"一条腿走路"。一方面，在服务端，长期护理保险要进行制度的宏观层面设计和规划，制定全国统一的筹资制度、等级标准、准入资格，形成统一的制度，确保公平性。另一方面，在缴费方面，长期护理保险基金不需要建立省级统筹制度，更无须全国统筹。因此，长期护理保险的制度设计应考虑到如下因素。一是中国不同地区间经济社会发展程度不同，居民生活水平、护理服务价格差异较大，生活习惯也各不相同，市县级统筹更容易让长期护理服务符合当地失能人员的实际需求。二是失能人员和政府职能部门更熟悉当地的服务市场，统筹层次较低可以提升信息的可获得性，保持低成本。三是大多数失能人员都会在缴费的地区申请护理服务，跨地区转移的案例比较少，对制度的便携性要求不高，市县级统筹可以满足群众基本需求。

（三）处理好增加险种与不提高企业负担的关系

在社会保险项目中增设长期护理保险势必要增加企业或个人的缴费负担，在企业的"五险"（目前，医疗保险与生育保险正处于合并过程中）缴费水平已经很高的大环境下，必须科学厘定费率，正确处理增加长期护理保险与降低企业负担的关系。中国建立长期护理保试点的时间点，与供给侧结构性改革、经济进入稳定增长"新常态"恰好契合，设定费率应把握如下几点：第一，应保持社会保险的总体费率水平不提高，降低"五险"缴费率的同时为长期护理保险的筹资预留空间；第二，长期护理保险筹资标准不能设定过高，应控制在"新常态"允许的范围之内；第三，确保长期护理保险可持续发展的最佳方式不是高费率，而是扩大制度覆盖面，让更多人愿意参加长期护理保险制度。

（四）处理好长期护理基本险与第二、第三层次补充险的关系

长期护理保险应避免给基本社会保险体系增加额外负担，从制度设立之初就应着手建立"多层次"体系。首先，中国企业的社会保险缴费负担一直维持较高水平，同时发展基本险与商业险可以降低企业缴费比例，减少医疗保险基金的划转份额。其次，商业保险公司在保险精算、人才库建设、市场分析、产品研发等方面具有优势，商业保险介入长期护理保险的途径也是多种多样的。它既可经办或者承办基本保险，又可参加第二层次的团体护理保险和第三层次的个人护理计划。再次，在第二、第三层次中应充分借鉴国外经验，引入相互制等新的保险形式，同时结合中国保险市场的发展情况因地制宜地设立具体措施，避免新型保险"水土不服"。在当下，中国的长期护理保险试点以基本险为主，第二层次和第三层次的长期护理保险发展不足，应尽快弥补第二和第三层次的不足，建立健全多层次长期护理保险体系，形成"社会险保基本，团体险做补充，个人计划满足个性化需求"的多层次长期护理保险格局。

（五）服务供给端应处理好政府与市场的关系

2015年11月，《国务院办公厅转发卫生计生委等部门关于推进

医疗卫生与养老服务相结合指导意见的通知》中强调要进一步鼓励民间参与社会服务福利事业，积极探索政府和民营资本合作（PPP）的投融资模式发展，激发市场活力，促进社会资本进入老龄领域，促进中国长期照护产业健康有序发展。中国长期护理保险应鼓励民间力量加入服务市场，大力开发民营服务机构的潜力，增强护理服务的职业吸引力，形成"民营资本是服务主体，政府是监管主体"的良性局面。中国的快速老龄化为长期护理服务的供需两端带来一个矛盾点：一方面是服务需求快速增长，另一方面是供给严重不足，长期护理服务价格高、供给少。服务供需不平衡成为长期护理保险发展的瓶颈。供给不足，一是因为很多地方仍然主要依靠有限的、传统的政府福利机构提供长期护理服务，民营资本在服务市场上所占份额较低，发展迟缓，对长期护理服务市场的投资不足；二是因为年轻人和专业技术人才的从业积极性不高，护理工作待遇低、事务繁杂、相关培训不到位、职业发展通道未打通。上海在这一方面提供了较好的范例：上海的护理从业人员可以获得与职工平均工资水平相当的薪资并参与职业等级评定，职业资质与收入水平挂钩，人社部门加大职业培训力度，提升了护理行业整体素质和服务水平。目前，在南通、上海的护理服务机构中，民营机构占比较大，这对提高服务质量、增强护理服务的就业吸纳能力发挥很大作用。

（六）处理好保障老年群体与兼顾全部群体的关系

长期护理保险应从老年人起步，逐渐向全年龄段失能人群的全覆盖进行过渡。毋庸置疑，老龄群体的慢性病、老年病发病率最高，失能率也最高，因此很多国家及中国一些试点地区的长期护理保险都设有申请资格的年龄限制。不过，未满60岁的青壮年群体同样面临两类风险：一是心脑血管等疾病的发病率呈现年轻化趋势；二是青壮年人口也可能因为意外事件而失能。实现全年龄段覆盖是长期护理保险制度公平性的要求，也是应对突发风险的客观需求。全国统一的长期护理保险指导意见应扩大年龄段的覆盖面，具体可分为三个阶段。第一阶段为制度刚刚建立的时期。在第一个 10 年内，长期护理保险应采取重点人群覆盖策略，保障对象设定为 60 岁及以上老龄人口，避免待遇支付的出口不可控，给基金带来较大压力。第二阶段开始分梯次降低年龄门槛，这一阶段可借鉴日本经验，日本 65 岁及以上的老年人为第一类参保人，无论因何种原因而失能都可申请护理服务，第二类参保人是 40～64 岁参加医疗保险的人群，因癌症晚期或者风湿性关节炎等特定疾病而失能才可以申请服务。这一阶段是长期护理保险覆盖老年人和全人群覆盖之间的过渡时期。第三阶段为制度发展成熟后，采用全覆盖策略。待中国长期护理保险基金财务可持续发展、实现收支均衡后，可借鉴发达国家的经验，覆盖所有人群。

（七）　处理好夯实数据基础与决策科学化的关系

十八届三中全会确定了建立"更加公平可持续"社会保障制度的基本原则，其中之一就是"坚持精算平衡"，而夯实基础数据是实现精算平衡的一手资料和根本依据。大数据平台与精算平衡机制对决策的客观性、科学性有着重要影响，但这两者在中国的长期护理保险中都尚未建立。在基础数据方面，中国还未出台统一的失能认定和等级评定标准，基础数据或是缺乏，或是标准不统一。仅官方统计的失能率就存在两个口径：一是全国老龄办的调查数据，2016 年全国老年人口的失能率为 18.3%；二是"六普"的数据，2010 年城镇 60 岁及以上老年人口失能率为 2.5%，农村为 3.3%[①]。试点城市的"失能

---

① 国老龄办：《十城市万名老年人居家养老状况调研结果》。

率"及其使用口径的差距就更大了，比如，青岛测算的重度失能率为
4.6%①，南通测算的失能率为3%，上海的测算数据约6%。我们应
充分利用现有条件，对1亿企业养老金领取人员和1.5亿城乡老年居
民进行一次全面调查，设立统一的失能评定标准和参数口径，尽快获
取并夯实长期护理保险的基础数据资料，建立大数据分析平台，在此
基础上编制精算方法，科学评估、测算、厘定费率和待遇水平，定期
向全社会公开精算报告。

（八）处理政府主导经办与市场积极参与的关系

中国的社保经办机构普遍存在"小马拉大车"的超负荷运转现
象，委托第三方经办机构开展社会保险业务已经成为共识性的解决途
径。长期护理保险应高度重视第三方机构的服务能力，鼓励市场主体
积极介入经办业务。例如，南通规定"按照照护保险经办事务委托第
三方参与经办、政府监督的管理模式，将受理评定、费用审核、结算
支付、稽核调查、信息系统建设与维护等部分经办服务，通过政府招
标委托有资质的专业机构参与经办，提高经办服务能力②"。青岛也
将护理保险经办工作委托给两家保险公司。这是长护险试点地区的新
探索，也是中国建立统一制度值得借鉴的地方。商业保险公司介入长
期护理保险经办是PPP模式的组成部分之一，也是转变政府职能、建
立健全新公共管理体系的客观要求。在商业保险介入长期护理保险进
程中应注意两个关键点：一是商业保险机构参与长期护理保险应分阶
段进行，逐级深入，从简单经办入手，待发展成熟后再转为全面承

---

① 赵秀斋：《国内长期护理保险制度的政策比较与试点进展》，载郑秉文主编《中国养老金发
展报告2017》，经济管理出版社，2017。

② 赵秀斋：《国内长期护理保险制度的政策比较与试点进展》，载郑秉文主编《中国养老金发
展报告2017》，经济管理出版社，2017。

办；二是鼓励多家机构介入，允许不同的商业经办机构之间开展良性、充分的市场竞争，政府设立评估考核机制及准入退出机制，要保障参保人的合法权益和经办质量。

以上是关于发展长期护理保险应处理好的八大关系。在探索并解决这八大关系的过程中，中国应以理性而开放的态度来借鉴其他国家和地区经验。荷兰、卢森堡、以色列、德国、日本和韩国等国家都通过建立长期护理保险制度来满足老年人护理需求、减轻医疗保险财务负担。各国的长期护理制度模式选择主要考虑三方面因素：长期护理保险筹资模式如何、服务主体是谁和谁有资格享受服务，这三大因素的不同排列组合形成了各国千差万别的制度框架。例如，德国建立起跟从医疗、收入关联的"社会保险＋商业保险"模式。日本采用以个人缴费为主、中央政府和地方政府补贴为辅的筹资模式。作为"福利国家橱窗"，瑞典的长期护理服务主要由国家提供，但在经济衰退后开始允许私人公司介入长期护理服务行业。美国的长期护理保险制度以商业保险为主，辅之"老年医疗保险计划"（Medicare）和"医疗救助计划"（Medicaid）中的长期护理服务，这与美国发达的市场经济相匹配。根据中国的社会、经济、文化现状，理性分析并借鉴国外先进经验，摸索出符合中国国情的发展道路，将成为发展长期护理保险的"捷径"。

调研报告

青岛：长期护理保险制度的
"吃螃蟹者"

青岛于 2012 年初探索长期护理保险（长期医疗护理保险）制度，从城镇职工向全体青岛市民扩展，经过 5 年探索，已经实现了制度全覆盖、保障全方位。难能可贵的是，作为长期护理保险的第一位"吃螃蟹者"，青岛持续创新，不断增添新内容，使制度更加完善，积累了重要的经验数据，也为其他地区开展同类试点提供了经验借鉴。

一 青岛市基本经济和人口背景

青岛旧称"胶澳"，1930 年改称"青岛市"。青岛市隶属山东省，地处山东半岛南部，是一座海滨丘陵城市。截至 2017 年 9 月，青岛下辖 7 个市辖区，代管 3 个县级市，全市总面积达 11282 平方千米。其中，市区包括市南、市北、李沧、崂山、黄岛、城阳、即墨七区，总面积达 5019 平方千米，胶州、平度、莱西三市总面积为 6048 平方千米。截至 2017 年底，青岛全市常住人口为 929.05 万，全市城镇人口为 625.25 万，占总人口的比重（城镇化率）为 72.57%，位于全省首位。①

①　http://news.qingdaonews.com/qingdao/2017 - 01/25/content_11918493.htm.

2016 年，上海市实现全市生产总值（GDP）10193.29 亿元，按常住人口计算的人均生产总值约为 16471 美元，居山东省第 1 位。[①] 青岛市为计划单列市、副省级城市，全国十大最具经济活力的城市之一。

1987 年，青岛市即步入老龄化社会，截至 2016 年底，全市 60 岁及以上老年人口为 189.64 万人，老龄化水平高于全国（16.70%）3.9 个百分点。老年人口中，65 岁及以上人口达 121.44 万，占总人口的比重为 13.19%。[②] 在籍老年人口，全市 60 岁及以上人口有 168 万，占总人口比重达 21.3%，高出全国 4.6 个百分点。80 岁及以上高龄老人口达 26.5 万，占老年人的比重为 16.5%。随着老年人口的不断增多，失能、失智的老年人也越来越多，其社会化医疗照护问题日渐突出，从而失能老人的医疗护理问题日益成为青岛市政府、家庭和社会普遍关注和亟待解决的问题。[③] 在此背景下，青岛市从 2012 年 7 月起，率先在全国实施了长期医疗护理保险制度。

青岛的长期照料社会保险政策有其自身的发展背景。第一，青岛市是先行进入老龄社会的地区之一，有实际的需求导向。第二，随着医院在近些年的快速扩张，床位数和医护人员数量都大大增加，比如，千人医院床位数从 2010 年的 4.7 张增加到了 2015 年的 6.2 张，医生从 2.32 每千人增加到 3.35 每千人，虽然医疗资源增加，但是由于青岛的三甲医院和一级二级医院报销比例非常接近，人们大多会集中到三甲医院就诊住院，医疗资源的利用极不平衡。第三，青岛职工医疗保费为工资的 9% 统筹账户加 2% 个人账户，高于全国平均水平。而且青岛的职工医保归属于人保局管理，更加便于统筹综合制定社会

---

① http://www.qingdao.gov.cn/n172/n1524/170320084816083021.html.
② http://news.bandao.cn/news_html/201710/20171028/news_20171028_2775977.shtml.
③ 青岛市人力资源和社会保障局调研材料。

保障制度，同时医保基金也有比较大的节余。这些原因，使得青岛成功成为首批长期护理保险试点城市之一。

二 青岛长期护理保险制度的建立发展过程

（一） 先期试点

在正式建立护理保险制度之前，青岛市于 2006 年 7 月 1 日出台了《关于将退休参保人员老年医疗护理纳入社区医疗保险管理的试点意见》，依托社区医疗机构和养老护理机构开展了老年医疗护理试点工作，为符合一定条件的老年医保患者，提供社区老年医疗护理和社区家庭病床。试点初期，社区老年医疗护理费实行包干管理，每人日包干费用为 30 元；家庭病床费用实行日均控制结算，日均费用标准为 35 元。此后，医疗护理费标准不断调整，2008 年 7 月 1 日调整为每人每天 45 元，2010 年 7 月 1 日又调整为每人每天 60 元。2011 年，青岛市将老年医疗护理的试点范围扩大至二级、三级医院。截至 2011 年底，青岛市区的医保社区定点医疗机构已由起步时的 41 家增加到 300 多家，其中具备办理家庭病床资质的 130 多家，兼具老年护理院资质的养老机构近 20 家。[1] 社区定点机构的医保医师由 200 多人增加到 1700 多人，工作人员也由 1000 多人增加到 4000 多人。医疗保险的社区管理网络的基本形成，为实行长期医疗护理保险制度试点奠定了基础。[2]

---

① 《青岛在老年公寓里设专业门诊 实现"老有所医"》，http://news.qingdaonews.com。
② 青岛市人力资源和社会保障局调研材料。

（二） 出台试点制度

2012 年 3 月，青岛市政府新增十大民生项目，市人力社保部门将护理保险作为其申报的两个民生项目之一上报市政府，并最终获批。2012 年 6 月，青岛市人民政府办公厅通过了人力社保等九部门联合起草的《关于建立长期医疗护理保险制度的意见（试行）》于当年 7 月 1 日实施。青岛市的长期护理制度是依托基本医疗保险制度而独立架构的一项"子制度"，在基本医疗保险体系架构内，实行医、护两个方面保障适度分离。在制度保障功能上，基本医疗保险以疾病救治为主要目标，侧重保障参保人的"病有所医"问题；长期医疗护理保险以医疗照护为主要目标，侧重保障失能、半失能老人的"病有所护"问题，是对基本医疗保险制度的丰富、拓展和完善。[①] 当时由于缺少上位法的支持以及受到筹资来源的约束，青岛市未建立独立的护理保险制度，只是将护理保险界定在基本医疗保险范围内，参保对象、基金筹集、经办管理主体都与基本医疗保险相一致。

（三） 制度覆盖面扩大包括农村居民

2015 年 1 月，青岛市实现了医疗保险城乡统筹，城镇职工医保、城镇居民医保和新型农村合作医疗实现了"三保合一"。随着青岛市基本医疗保险实现城乡统筹，农村参保人员首次纳入护理保险保障范围。2016 年 6 月，备受瞩目的长期护理保险被纳入新近出台的《"十三五"国家老龄事业发展和养老体系建设规划》，青岛成为首批 15 个试点城市之一。

---

① 高玉芳、张学长、粘文君、杨琳琳、李正红：《青岛长期护理保险实施现状与思考》，《中国护理管理》2018 年 5 月 15 日。

（四）将失智老年人纳入长期护理保障

2017年1月1日，青岛市出台了《关于将重度失智老人纳入长期护理保险保障范围并实行"失智专区"管理的试点意见》，为失智老人提供长期护理医疗服务和补贴，这标志着青岛市的失智老人率先在全国范围内得到制度保障，这也是全国首创。目前暂确定6家定点护理服务机构进行试点（并委托6家重点公立医院进行评估），要求定点护理服务机构开辟"失智专区"接收重度失智老人。

三 青岛市长期护理保险制度框架

青岛市长期护理保险制度的基本内容是当基本医疗保险参保者因年老、疾病、伤残等原因导致人身某些功能全部或部分丧失，生活无法自理，需要入住医疗护理机构或居家接受长期医护照料时，对其提供基本的生活照料、医疗护理服务或者对发生的相关医疗护理费用给予补偿，为失能失智人员提供身体功能维护等训练和相关指导。

（一）参保对象

当前，青岛市护理保险的参保对象为城镇职工医保和城乡居民医保的参保者，已参加社会统筹的离休人员也可享受待遇，其接受医疗护理照料所发生的医疗护理费由离休人员医疗基金支付。参保人因疾病、伤残等原因长年卧床已达或预期达六个月以上，生活完全不能自理，病情基本稳定，按照《日常生活能力评定量表》评定低于60分

（不含 60 分），且符合规定条件的，可申请护理保险待遇。[①]

（二） 资金筹集

青岛医疗护理保险主要通过优化医保基金支出结构进行筹资，筹资部分源自医疗保险基金历年结余，部分由职工医保和居民医保基金按比例划拨。启动试点时，青岛市从基本医疗保险历年结余基金中一次性划转 20% 共 19.8 亿元，作为试点支持资金。制度每年根据职工医保和居民医保的筹资能力分别筹集资金：城镇职工按照个人账户计入基数总额 0.5 个百分点从医保基金划入，城乡居民按照当年基本医保筹资总额的 10% 划入，两项合计每年约可筹集资金 9 亿元。[②] 此外，城镇居民的护理保险基金收入还包括每年 2000 万元的公益性基金划拨，目前公益性基金源自福彩公益金，以后财政将考虑从其他渠道筹集资金。

长期护理保险基金实行市级统筹，不设个人账户。当医保基金出现无法实现收支平衡的情况时，由人力社保部门协同财政部门按照程序报市政府，研究讨论确定财政分担办法。

（三） 四种护理方式

青岛市的医疗护理保险对身体失能老人提供"专护"、"院护"、"家护"和"巡护"四种类型的服务待遇。参保人根据社保经办机构核定的条件享受相应待遇。"专护"主要针对重症失能老人，是在参保人病情较重、经重症监护室抢救或住院治疗病情已稳定，但需长期

[①] 刘林瑞、李丰、施红卫、刘晓芳：《青岛市多层次全方位医疗保障制度建设实践》，《中国医疗保险》2018 年 9 月 5 日。

[②] http://www. qingdao. gov. cn/n172/n68422/n68424/n31282492/n31282493/1803161116311686447. html.

保留各种管道或依靠呼吸机等维持生命体征，需要二级、三级医院的医疗专护病房继续接受较高医疗条件的医疗护理，住院定点医疗机构医疗专护病房为参保人提供长期24小时连续医疗护理服务。"院护"主要针对终末期及临终关怀老人，是针对参保人长期患各种慢性重病、常年卧床、生活无法自理，需入住专业护理服务机构或具有医疗资质的养老机构接受长期医疗护理。"家护"和"巡护"是指参保人根据家庭实际和本人（家属）意愿，在家庭或没有医疗资质的养老院居住，由护理服务机构（或村卫生室）的医护人员定期或不定期的上门提供医疗护理服务。①

2017年1月，青岛市进一步扩大护理保险的待遇人群，将参保的重度失智老人纳入护理保险保障范围，在定点护理机构试行"失智专区"管理模式，为失智老人提供服务。为了满足不同层次失智老人的医疗照护需求，专区中提供了可选择的三种服务类型。一是"长期照护"，指的是失智老人入住"失智专区"长期接受24小时在院照护服务，重点解决家庭照料者全天候没有照护能力的问题；二是"日间照护"，指失智老人在"失智专区"接受日间照护服务，重点解决部分家庭白天照护难问题；三是"短期照护"，也称"喘息服务"，为失智老人提供几天到几十天不等的全天照护，原则上一个年度不超过60天，旨在为长期照护失智老人的家庭照料者提供喘息休整的时间，缓解长期照护压力。② 截至调研时，青岛市共在承担"院护"的定点护理机构设立了6家失智专区试点。

（四）待遇标准和资格要求

目前，青岛市的护理保险试点仍然是医疗护理保险制度，只是报

---

① 袁晓航：《"医养结合"机构养老模式创新研究》，浙江大学硕士学位论文，2013年。

② http://health.people.com.cn/n1/2017/0829/c14739-29501753.html。

销受益人的医疗护理费用，尚未将生活照料费用的报销包含在制度设计中。当前，护理保险基金采取定额包干方式与定点服务机构结算医疗护理费用。具体结算标准如下：针对"专护""院护""家护""巡护"四种护理服务模式，护理保险基金对护理服务机构的定额包干结算标准分别为170元/天、65元/天、50元/天、800～1600元/年；二档缴费成年居民800元/年（每周巡诊不少于1次）。针对失智专区中的"长期照护""日间照护""短期照护/喘息服务"三种护理服务形式，护理保险基金对定点服务机构的包干结算标准分别为65元/天、50元/天、50元/天。具体到参保者个人，护理保险基金设定了报销比例，对于参保人发生的符合规定的医疗护理费用，护理保险基金比例分别为城镇职工90%、一档参保居民80%、二档参保居民60%。[①]

失能参保人员需由本人或家属携带病人相关的病历材料、社会保障卡和身份证（原件及复印件），向具备专业医疗护理资质的定点护理机构提出书面申请，填写《青岛市长期医疗护理申请表》。定点护理机构接到书面申请后，按照规定安排医保执业医师对申请人病情和自理情况进行现场检查，并按照《日常生活能力评定量表》中的评定标准进行初步评定，对符合办理条件的失能人员，按规定及时为参保人进行网上申报。

（五）失能评定

在失能人员认定方面，青岛主要采用《日常生活能力评定量表》测评，并参考申请人的疾病史和医疗消费史等资料进行综合评定。青岛的《日常生活能力评定量表》包括10个内容，共100分，评分为0

---

① 朱铭来、张晓：《长期护理保险筹资机制与个人账户使用探讨》，《中国医疗保险》2018年9月5日。

的为全部失能，分数越高说明自理能力越强。制度同时规定，评分低于 60 分但没有慢性疾病明确诊断，以及病情不稳定急需诊治的，也不可以申请护理保险待遇。

截至 2017 年，青岛累计有 4.5 万失能失智老人享受了护理保险待遇，平均年龄为 80.4 岁。[①] 根据测算，青岛的重度失能率为 4.6%，由受益人数除以 60 岁及以上老年人口的比重得出。

（六）服务机构

按照青岛护理保险制度的规定，以下机构可以申请为定点护理机构：经卫生、民政、残联等部门批准成立的医疗服务机构；具备相应医疗资质的老年护理机构，或与相关医疗机构签订合作服务协议的养老服务机构、残疾人托养机构等。护理保险对定点护理机构实行资格准入机制，护理机构经人力社保部门审核通过后，方可与社保经办机构签订服务协议，并按照协议约定提供长期医疗护理服务。协议有效期为一年，年终考核被评定为基本医疗保险诚信医疗机构的，协议有效期可延长至三年。[②] 青岛针对四种服务内容，对不同的服务提供机构进行了认定，到 2016 年底，有 18 家公立医院改造了部分普通病房为老年护理病床，满足医院专护的需求；院护服务侧重临终关怀，有 71 家养老护理院获得了资格许可，一些养老院与大型医疗机构建立了医联体，培训合格的护理人员；对于享受居家和巡护的老人，现在已经有 4000 余家社区医院，私人医疗服务机构和村卫生所有资格提供服务，在这些机构从业的医疗、护理及其他服务人员已近万人，为青岛市建设全面的长期照护保险体系奠定了坚实基础。[③] 经过多年实

---

① 有关青岛护理保险的数据，除特殊说明外，均源自课题组 2017 年 8 月对青岛试点的调研数据。
② http://hrss.qingdao.gov.cn/n28356070/n32563349/n32563364/62175.html.
③ 资料来自 http://www.qdcaijing.com/2016/0803/186636.shtml.

践，青岛医疗护理保险的服务价格和服务主体已经开始达到一种平衡状态。健康的可持续运营的服务提供商正在逐步扩大产业规模以迎接老龄化的到来。

四　青岛市长期护理保险制度的运行成效

（一）保障民生，降低家庭和个人护理负担

2012 年青岛市在全国率先探索针对失能老年人的长期护理保险制度，后又将严重失智人员加入制度体系，现已全面覆盖城乡 830 多万人。青岛市护理保险制度的受益群体为参加医保制度的失能人员。目前全市职工医疗保险参保总人数约为 330 万人，居民医保接近 500 万人。居民医保于 2014 年进行过渡整合，新农合逐步过渡到城乡医保，2015 年 1 月 1 日正式整合过来。从制度建立起，已累计有大约 4.5 万失能（失智）老人享受到了护理保险待遇，平均年龄为 80.4 岁，其中约有 1.5 万名老人去世，平均在床生存时间为 310 天。护理保险不设起付线，城镇职工报销 90%，城乡居民报销 60% ~ 80%。享受护理保险待遇的参保人人均床位费用为 56.2 元，人均床位个人负担仅 4.2 元，极大减轻了个人和家庭的经济负担，提高劳动生产的效率。

与其他人群相比，老人（尤其是失能老人）的长期医疗护理需求更加突出。在护理保险制度实施之前，失能老人遇到突发情况需要医护照料时，往往采取的方式有两种，要么频繁往返于医院和家庭之间、饱受舟车劳顿之苦，要么长期住院、承受高昂的医药费，两种方式不仅费时费力，且对老人的健康状况不利。护理保险制度实施后，

老人可以在医院、养老院或者家庭之中接受长期医疗护理服务，且享受保险待遇报销，从而较好地满足了老年人的长期医疗护理需求，降低家庭照护负担（见专栏1）。从青岛市长期护理保险制度的运行效果看，部分临终患者就医难、护理难问题得到很大改善；部分康复患者、长期卧床患者医疗负担明显降低；有效替代了一些高成本临床医疗护理服务；促进了社区、护理院等基层医疗机构的发展，增加了就业；加强了大医院与基层之间的密切联系，有利于双向转诊机制的有效运转。

专栏1

护理保险有效减轻了家庭成员的照料负担

青岛市Ａ女士退休不久，其父母均为失能老人，一个是植物人，一个是几乎没有意识，因其两个妹妹尚在上班，所以两位老人的日常照料由其一人负担。刚开始的时候，两位老人住院治疗，Ａ女士每天要为老人送餐，频繁往返于医院和家庭之间，非常忙碌。后来老人病情稳定后，Ａ女士将老人接回家中照料。其他日常生活照料Ａ女士还可以应对，但是，一些医疗护理工作令Ａ女士犯了难，如打针、膀胱冲洗等。

自从护理保险制度实施后，家中两位老人均符合待遇资格，医护人员每周两次来家中为老人巡诊，发现问题及时解决。现在Ａ女士只需要每天给老人做五顿饭，负责喂饭、喂药即可；如遇紧急情况就直接给社区医疗机构打电话，请医护人员为老人做膀胱冲洗、帮助老人翻身等。有了医护人员的巡诊，Ａ女士的照料压力大大减轻，还有了闲暇时间绣十字绣等，对护理保险制度十分认可。

资料来源：青岛市社会保险事业局调研资料。

（二） 撬动市场资源，护理服务机构得到快速发展

近年来，青岛市护理保险制度的实施对社会资本投入养老服务领域起到了很大的促进作用。很多外资企业和房地产企业投入青岛养老事业中。目前，全市承担护理保险业务的定点服务机构发展到 638 家。其中，承担"专护"的二、三级定点医院有 20 家，承担"院护"业务的医养结合机构有 71 家（6 家失智专区试点），承担"家护"业务的社区医疗机构有 570 家。民营机构占 95%，承担了 98% 的业务量，成为护理服务的绝对主体。此外，目前承担农村"巡护"业务的卫生院、卫生室等基层医疗机构 356 家。[①] 全市长期照护服务体系已基本建立，青岛的护理服务体系的建设比其他城市时间早，而且更加完善，长期护理保险制度的引入是一个重要原因。

护理保险制度的引入有力促进了中小养老机构和部分二级医院的发展。长期以来，青岛市的中小养老机构受到产业性质、成本上涨、护工难求等多方面因素制约，运转比较困难。长期护理保险制度通过稳定且可靠的资金来源，为定点护理机构提供政策和资金上的支持，调动了机构参与养老服务的积极性（见专栏 2）。

专栏 2

护理保险促进青岛市市北区红十字老年护理院的发展

青岛市市北区红十字老年护理院，是 2003 年 6 月成立的一家民办非营利老年护理院，目前在平安路和广昌路有两处院址。护理院成立之初，运营非常困难。但是，当时为了减轻入住老人的经济负担，人均收费只设定为人均养老金水平，当时为 600

---

① http://hrss. qingdao. gov. cn/n28356070/n32563349/n32563364/180827152952739442. html.

元/月。这些收入难以弥补护理院的正常支出，有时候员工工资都无法正常支付。

自护理保险制度实施以来，护理院的正常运转有了保障。目前，护理院拥有床位200张，入住率在90%左右，其中140人办理了护理保险，享受"院护"政策。随着工资和价格的上升，护理院入住老人的月人均收费（包括床位费、餐费等）已经达到1700～1800元，但还是难以支撑护理院的正常运转。确立为定点服务机构之后，护理保险按人头每月补贴1800元，月补贴额度在25万上下，护理院的正常运转有了保障。

资料来源：青岛市社会保险事业局调研资料。

（三）护理保险有利于节约医保资金支出

从青岛市护理保险制度的运行情况看，护理保险制度实现了以较低支付成本购买较高医疗服务的效果。以三级医院"专护"服务为例，2014年护理保险按床日费用200元实行定额包干结算，而同期同类医院重症监护病房患者的日均费用为4641元，"专护"床日费仅为后者费用的1/23。再以"院护""家护"为例，这两类服务的床日费用按60元包干结算，同期二级医院床日费用为498元、三级医院为1072元，包干定额支付标准仅为二、三级普通住院治疗床日费的1/8和1/18。[1] 此外，"院护""家护"等患者人均医保包干费用为2.2万元/年，不到一所普通三级医院一个月的住院费用，且为那些长期患慢性疾病、无法治愈的失能老人提供了专业化、高质量长期的医疗

---

[1] 姜日进、王圆：《青岛市构建长期照护保险的探索与展望》，《中国医疗保险》2016年9月5日。

照护。

（四） 强化服务监管，基金安全得到很大保障

为了保障制度持续健康有序运行，青岛市建立了一系列的长期护理监管机制。一是享受护理保险待遇人员资格准入制度。二是护理服务机构资质准入制度。符合条件的具备医疗资质的机构才能进入，以保障医疗护理服务的专业化，并实行协议管理。三是实行 App 智能监管。四是对医疗护理服务全市统一实行标准化管理。五是建立社商合作经办机制，解决政府经办能力不足的问题。

（五） 在全国率先探索失智老人护理保障

从 2017 年 1 月 1 日起，青岛市将"失智专区"管理纳入长期护理保险，是全国首创的做法。失智专区的设立，一是为失智老人提供养老场所；二是提高了护理机构对失智老人的服务质量，不像过去简单地对老人进行"看管"，增加了更多人性化的、情感式的照护服务。[1] 目前，青岛已确定 6 家失智诊断评估机构。社保经办机构自收到相关申请资料之日起，经办机构与 10 个工作日内提出审核意见。符合条件的失智老人在护理保险"失智专区"接受照护服务期间发生的符合规定的医疗护理费，参保职工报销 90%，一档缴费成年居民报销 80%。[2]

长期护理保险政策不仅使重度失智老人的晚年生活得到有效保障，也大大调动了养老护理机构接收失智老人的积极性，从原来拒收失智老人到主动吸引，从原来的简单看护到提供以情感照护为主的人

---

[1] 张雅娟、于子淇：《实行"失智专区"管理 提供三种服务模式》，《中国劳动保障报》2017 年 2 月 7 日。

[2] 《青岛重度失智老人纳入护理保险 最高可报销 90%》，青岛频道，http://news.iqilu.com。

性化的专业照护。目前全市已有重度失智老人累计享受到了 4.4 万天的失智护理保障待遇，其中最长者为 100 岁，取得了明显成效。

五　青岛市长期护理保险制度主要的发展经验和面临的问题

（一）青岛模式的主要特色

1. 医疗护理服务市场发育相对成熟

由于家庭病床、老年医疗护理、门诊大病、门诊统筹等制度的培育，青岛市的医疗护理市场发展迅猛。实际上，早在 2006 年，青岛市的门诊大病定点就开始对民营社区医疗机构开放，2008 年门诊统筹定点也对民营机构开放，到了 2012 年青岛长期医疗护理保险定点也顺应这一路线，继续对民营机构开放。据统计，2018 年，青岛全市承担护理保险业务的定点服务机构发展到 638 家，数量在逐年增多。在所有的定点护理机构中，民营机构占比超过 90%，承担了 98% 的护理业务量，成为护理服务中的"中流砥柱"。

相较其他调研地区而言，青岛的长期护理服务市场发育是相对成熟的。以南通为例，截至 2017 年 6 月调研时，南通仅有 6 家护理院提供机构服务，床位总和不到 1000 张，护理能力缺口很大。由于服务人员缺失，南通市 2017 年上半年才开展居家上门服务。截至 2017 年 6 月，南通市提供居家上门照护服务的人员只有 60 余人；受服务提供人员不足的限制，上门照护服务达不到 100% 全覆盖。

2. 在全国较早探索失智老年人的医疗护理保障模式

2017 年初，青岛针对失智老人建立了一套"失智专区"创新管理模式。目前，青岛市已经认定了6家失智专区试点。按照失智老人的不同需求，专区提供三种不同的服务方式。调研中，青岛福彩四方老年公寓负责人称，在建立"失智专区"管理模式之前，老年公寓是不敢收住失智老人的，因为失智老人发生生命风险的概率很高[①]。为更好地解决失能失智人员的照护难题，青岛将对现行制度进一步完善，建立多元化筹资机制，将城镇职工中完全失能和重度失智人员的基本生活照料和医疗护理纳入长期护理保障范围，创新实施"全人全责"长期护理保险制度。[②]

3. 青岛试点较早，其医疗护理基础数据探索对全国制度建设有借鉴意义

目前，经过十余年的实践经验，青岛多次调整医疗护理服务的报销水平。实际上，在正式建立护理保险制度之前，青岛市早在2006年就开展了老年医疗护理试点工作。试点初期，社区老年医疗护理费实行包干管理，每人日包干费用为30元；家庭病床费用实行日均控制结算，日均费用标准为35元。此后，医疗护理费标准不断调整，2008年7月1日调整为每人每天45元，2010年7月1日又调整为每人每天60元[③]。2012年，青岛建立医疗护理保险制度，依据历史数据，青岛将"家护""院护"的日包干额度确定为60元；"医疗专护"的日包干费分别为170元和200元。此后，经过两年多的医疗护理保险试点，青岛市根据实际运行数据，重新调整了医疗护理费用的日包干额度，"家护"由原来的日包干60元下调为50元；"院护"由原来的60元提高至65元；"专护"统一调整为170元。这些基础数据的积累与探索，对日后中国建立长期护理保险制度有借鉴作用。

---

① 2017年8月青岛福彩四方老年公寓调研资料。
② http://mp.weixin.qq.com/s/iH3BQLudVrbCCtyCcc0CmQ##.
③ 青岛市市北区红十字老年护理院座谈资料。

（二）青岛模式的主要经验和启示

任何制度的形成都会有一个比较漫长的过程。青岛长期以来在这方面的探索，积累了大量的实践经验。青岛医疗护理保险的推出和实施有三个方面的重要意义，其经验和成果可以在前期被很多地区借鉴和推广。

第一，传统的养老政策日益不能满足失能老人的实际需求，青岛市在甲级医院和二、三级医院报销比例相差非常小的情况下，有职工医疗保险的失能老人占据最好医疗资源的倾向开始显著，而没有职工保险的失能老人（尤其农村地区）的生活和照料压力日益严重。青岛长期护理保险制度的实施及时缓解了三甲医院资源紧张和日益增加医疗开支的压力，为二、三级医院和社区门诊提供了稳定的需求，也使得医疗资源的分级诊疗得到了较好的推动。

第二，经过 10 年（2006 年就开始试点）的实践，青岛模式在失能老人的评估标准、照料服务提供、服务产品价格定位和系统供需平衡等方面提供了宝贵的经验，可以涵盖的人群数量、服务的标准和系统的可持续性有了可以量化的预算依据，无论是社会保险还是社会福利项目预算，这些基础数据决定了系统成本控制和服务提供的平衡，具有极大的推广和参考价值。

第三，不同于大部分试点地区，长期照料局限或侧重于居家的生活配套照顾。青岛模式为行为失能到现在的失智老人提供在机构和居家接受医疗服务配套的资金，然后按经济能力由财政配套社会照护服务（送餐清洁等以社区为主体的上门服务），既解决了家庭不能提供的医疗等专业服务需求，又按需低成本的使用公共资源给最需要的人购买社会化服务，为应对老龄化提供了可持续的财政投入模式。

第四，青岛模式说明一个全面的长期照料体系需要政府补贴资金的全面整合。青岛给老年人发放体检费、过节费、高龄补贴、失能补贴以及对养老机构发放的床位建设补贴、运营补贴等"撒芝麻盐"的资金，已远远超出可用于建立城乡居民照护保险所需的投入。① 长期照料不是一次性投资的房地产行业，而是劳动密集型的服务行业，综观世界上长期照料比较完善的发达国家政策，几乎都是补贴服务的形式，即使现金补贴也是按照照料的强度和频率来制定标准的，并且有非常完善的评估体系，对享受长期照料的失能人群有清晰的界定。在资金上，民政系统的各种补贴应该已经满足了配套需求，可以针对不同的失能人员制定不同的服务包和失能补贴，做到应补尽补，而去掉一些没有针对性的锦上添花的老人"福利"措施，在目前政策限制的框架下，也可以按照家庭收入制定相应的补贴标准，以便财政资金更好地向贫困人员倾斜，同时，还可以节约大量资金。这就需要同一个标准下各个政府部门协同合作，支持失能人员的各种需求。管理部门上统一，资金利用上统一，这两个统一是下一步建立完善的长期护理保险政策的基础。

（三） 青岛模式面临的问题和挑战

1. 保障对象有待拓宽

由于筹资能力有限，目前青岛医疗护理保险制度主要保障的对象为重度失能和重度失智老人，部分中度失能和功能性失能老人尚未纳入保障范围。根据 ADL 量表规定，评分 60 分以下的即为中度失能人员，虽然青岛护理保险制度也是按低于 60 分这一标准规定参保人享受护理保险的资格线，但在实际运行中，制度实行以收定支原则，受

---

① 来自青岛长期照护协会会长姜日进的介绍，http://xw. sinoins. com/2017 - 05/22/content_231324. htm。

益人数取决于基金筹集能力，实际能够享受待遇的主要是重度失能和中度失能中较重的参保人。不仅如此，青岛护理保险试点仍然沿用2012年的旧模式，并未将筹资范围扩大，也未将参保人的日常生活照料需求纳入保障范围，仍然保障的是参保人的医疗护理需求。而且，制度明确规定，"ADL评分低于60分但没有慢性疾病明确诊断，以及病情不稳定急需诊治的，不可以申请护理保险待遇"。这就意味着没有患慢性疾病的因老失能或称功能性失能的老人尚不在青岛护理保险的保障范围内。

2. 应尽早建立独立的长期护理保险制度

是否建立一个独立的社会保险制度，是青岛市在筹建护理保险制度过程中争论的一个核心问题。当时由于没有国家上位法的支持，再加上受到基本医疗保险筹资来源、报销目录等方面的限制，青岛市将护理保险制度定位为基本医疗保险的附加子制度，没有进行大的突破。虽然青岛市最早在全国探索了长期医疗护理保险试点，但是截至调研时试点仍然局限于对失能失智老人的医疗护理费用保障，基金筹集主要源自基本医疗保险基金，总的来看青岛试点仍然是医疗保险制度的附加子制度。青岛市下一步的试点重点是要把长期失能老人的生活照料待遇纳入制度保障范围，从而建立起独立的长期护理保险制度。2017年8月调研时，青岛市社保局正在进行制度建设的相关工作准备。

3. 基金的筹资和长期财务可持续性值得关注

调研中了解到，青岛常住人口增速明显减缓，经济增速也在减缓。在这种情况下，每年的社会保险参保人员新增数量较低，每年新增参保人数为二三万人。同时，每年退休人员很多，约超过10万人。目前，青岛市各项社会保险开始陆续出现缺口。养老保险每年亏20多个亿，开始消耗历年结余。生育保险也开始亏空，因为生育保险以单位平均工资为计发基数。居民医保和职工医保尽管当期没有出现亏空，但长期支付压力也较大。在这种情况下，依靠医保基金为长期护理保险融资的方式难以长久，由于基本医疗保险基金支付能力有限，对失能老人的长期医疗护理需求满足程度有限。按照规定，青岛市护理保险基金的使用原则为：以收定支、收支平衡、略有结余。根据当前基金的支付能力，目前能够享受保险待遇的参保者几乎是完全失能的老年人，部分失能老人尚未在保障范围之中。从长远看，有必要将护理保险制度独立出来，实行单独的社会保险缴费筹资，并建立多元化的筹资渠道。

4. 农村地区的长期护理服务推广路径问题有待深入研究

"医养结合"机构养老模式要求推广地区要有一定的医疗水平和一定的医疗资源，而我国农村地区医疗资源极为匮乏，基本的医疗服务难以满足，又缺少民间力量的参与，推广护理保险制度的条件尚未成熟。加大对农村地区基本医疗服务建设的投入，丰富农村地区的医疗资源，是建立农村地区长期护理保险的根本解决办法。

5. 青岛市护理保险下一步的发展方向

为积极应对人口老龄化，更好地满足失能失智人员基本照护需求，2018 年青岛市正在以建立多元化筹资为前提，对护理保险制度进行全面整合升级。其基本思路是：着眼于架构独立的护理保险险种，引入全人全责理念，探索建立"医、养、康、护"相结合的新型护理保障模式，着力建立多层次的护理保障体系。[1] 不断丰富多层次护理保障体系新内涵：在保基本前提下，围绕健康中国建设新理念，向前将关口前移，强化预防，延缓失能失智；向后拓展到安宁疗护和临终关怀服务保障。青岛政府正在考虑出台新的长期护理保险管理办法和政策文件。

---

[1]　张慧芳、雷咸胜：《我国探索长期护理保险的地方实践经验总结和问题研究》，《当代经济管理》2016 年 9 月 6 日。

长春：失能人员医疗照护的"坚守者"

2017年6月，中国社会科学院世界社保中心调研小组对长春市社会医疗保险管理局（以下简称医保局）进行调研，其间走访了长春市养老社区，并就医疗照护险的政策实施情况进行了座谈。参加座谈的机构有：博远·祥祉圆养老院、怡康园老年公寓、倚水佳园老年护理院、金鸿养老院与长纺温馨养老院。

一　长春市失能人员医疗照护需求测算

21世纪以来，老龄化进程日益加快。作为老工业基地，随着时间的推移，长春市家庭规模日趋小型化，少子高龄化现象相当普遍。截至2016年底，长春市共有60岁及以上老年人口131.6万人，占户籍人口的17.4%。在原有医疗保险制度和以家庭为核心的照护模式下，一旦家庭中有成员失能，不仅意味着个人陷入风险，而且往往导致家庭相关成员在经济、生活多方面陷入困境。与其他社会保障风险不同，失能风险的概率分布在不同年龄群组。如何发挥社会保险的职能——避免因丧失劳动能力而失去获得收入的风险，如何满足不同年龄群组失能人员的照护需求，长春市政府将之视为民生工作亟待破解的重要问题加以推动。

在长春市失能人员医疗照护保险政策出台之前，长春市人大、长春市社会医疗保险管理局与学术机构组织了基于年龄群组的总需求测算，结合长春市人口结构与经费来源等各种因素，判断不同方案的财务负担水平，最终形成政策方案。其中，需求测算是长春市失能人员医疗照护保险政策的基石，旨在摸清照护需求总量、需求人员结构以及照护支出花费情况。

测算假定长春市失能情况与全国失能分布相同，即按照2011年老龄委发布的《全国城乡失能老年人状况研究》中的失能人口比率：[①]"2010年末我国完全失能老年人中，轻度失能占84.3%，中度失能占5.1%，重度失能占10.6%"设定相关数据，根据长春市医疗保险参保数据中完全失能老年人中"重度失能"老人的占比情况及老年人日常生活自理能力分布比率，估算未来十年60周岁及以上老人不能自理者人数。根据测算，未来十年失能人员增长速度年均超过8%。估算详情参见表1～表3。

表1 职工重度失能老人按年龄分布情况（人）

单位：人，%

性别	年龄组	2014年	2015年	2016年	2017年	2018年	2019年	2020年	2021年	2022年	2023年	2024年
合计	60~69岁	606	663	712	763	815	835	858	863	878	926	931
	70~79岁	781	806	831	862	883	946	1023	1088	1178	1275	1412
	80岁以上	825	1011	1215	1424	1665	1905	2162	2441	2717	2990	3266
男性	60~69岁	259	280	298	315	335	341	350	354	364	389	396
	70~79岁	335	345	354	365	372	395	421	438	463	488	529
	80岁以上	488	582	687	795	916	1035	1166	1308	1448	1591	1732

---

① 中国老龄科学研究中心课题组《全国城乡失能老年人状况研究》. 2011年第2期，第11～16页。

续表

性别	年龄组	2014年	2015年	2016年	2017年	2018年	2019年	2020年	2021年	2022年	2023年	2024年
女性	60~69岁	347	383	414	448	480	494	508	509	514	537	535
	70~79岁	446	461	477	497	511	551	602	650	715	787	883
	80岁以上	337	429	528	629	749	870	996	1133	1269	1399	1534
总计		2212	2480	2758	3049	3363	3686	4043	4392	4773	5191	5609
增长幅度		0.00	12.06	11.25	10.54	10.34	9.55	9.69	8.62	8.68	8.77	8.06

资料来源：根据长春市社会医疗保险管理局提供资料整理而来。

表2 城镇居民重度失能老人按年龄分布情况

单位：人，%

性别	年龄组	2014年	2015年	2016年	2017年	2018年	2019年	2020年	2021年	2022年	2023年	2024年
合计	60~69岁	562	615	661	709	755	770	808	828	864	935	969
	70~79岁	577	606	641	685	724	804	901	997	1103	1200	1320
	80岁以上	1198	995	1136	1273	1436	1592	1760	1942	2127	2317	2527
男性	60~69岁	218	247	273	300	326	338	359	369	388	424	440
	70~79岁	108	119	133	150	169	202	243	289	339	386	445
	80岁以上	488	179	207	236	271	308	348	396	444	499	557
女性	60~69岁	344	368	388	409	429	432	449	459	476	511	529
	70~79岁	469	487	508	535	555	602	658	708	764	814	875
	80岁以上	710	817	929	1037	1165	1284	1412	1546	1683	1818	1970
总计		2337	2217	2438	2667	2915	3166	3469	3767	4094	4452	4816
增长幅度		0.00	-5.25	10.02	9.38	9.36	8.60	9.60	8.54	8.67	8.77	8.17

资料来源：根据长春市社会医疗保险管理局提供资料整理而来。

表3 职工和居民失能情况

单位：人，%

性别	年龄组	2014年	2015年	2016年	2017年	2018年	2019年	2020年	2021年	2022年	2023年	2024年
合计	60~69岁	1170	1277	1373	1472	1571	1605	1666	1692	1742	1862	1900
	70~79岁	1358	1411	1472	1547	1608	1750	1925	2084	2282	2475	2733
	80岁以上	2023	2006	2352	2697	3101	3497	3924	4383	4844	5308	5794

续表

性别	年龄组	2014年	2015年	2016年	2017年	2018年	2019年	2020年	2021年	2022年	2023年	2024年
男性	60~69岁	478	527	571	615	661	679	709	724	752	813	836
	70~79岁	443	464	487	515	542	597	664	726	803	874	974
	80岁以上	976	761	894	1031	1187	1343	1515	1704	1892	2090	2289
女性	60~69岁	692	750	802	857	910	926	957	968	990	1049	1064
	70~79岁	915	947	985	1032	1066	1153	1261	1358	1479	1601	1759
	80岁以上	1047	1245	1458	1666	1914	2154	2409	2679	2952	3218	3505
总计		4551	4694	5197	5716	6280	6852	7515	8159	8868	9645	10427
增长幅度		0.00	3.17	10.67	10.00	9.88	9.11	9.65	8.58	8.68	8.77	8.11

资料来源：根据长春市社会医疗保险管理局提供资料整理而来。

通常长期护理主要有三种形式：一是居家护理，包括居家服务、居家复健与家庭托顾等内容；二是社区护理，包括日间照顾、辅具、餐饮、无障碍环境改善等内容；三是机构护理。在支出方面，居家和社区护理支出主要为护理人员劳务费用，机构护理费用主要支出不仅包括护理人员费用，还包括设施费用。长期护理保险是假定只覆盖完全失能且在机构护理的老人，并根据相关资料设定重度失能老年人入住机构比例为56%，利用2014~2024年重度失能老年长期护理数量，推算得出长春市未来重度失能老人机构长期护理需求总量（见表4）。

表4 重度失能老人机构护理人数分布表

单位：人，%

性别	年龄组	2014年	2015年	2016年	2017年	2018年	2019年	2020年	2021年	2022年	2023年	2024年
合计	60~69岁	686	752	811	872	934	957	996	1014	1048	1127	1156
	70~79岁	717	748	783	824	862	943	1042	1134	1247	1354	1502
	80岁以上	1290	1135	1332	1531	1762	1989	2237	2508	2777	3055	3340

续表

性别	年龄组	2014年	2015年	2016年	2017年	2018年	2019年	2020年	2021年	2022年	2023年	2024年
职工	60～69岁	364	395	422	450	479	489	502	507	518	550	557
	70～79岁	468	483	498	514	526	560	601	633	678	724	794
	80岁以上	589	711	846	984	1141	1296	1465	1648	1828	2011	2192
居民	60～69岁	322	357	389	422	455	468	494	507	530	577	599
	70～79岁	249	265	285	310	336	383	441	501	569	630	708
	80岁以上	701	424	486	547	621	693	772	860	949	1044	1148
总计		2693	2635	2926	3227	3558	3889	4275	4656	5072	5536	5998
增长幅度		0.00	-2.16	11.00	10.33	10.22	9.36	9.92	8.88	8.96	9.17	8.31

资料来源：根据长春市社会医疗保险管理局提供资料整理而来。

根据需求预测，结合医疗保险参保人员结构、失能人员占比、失能人员照护情况等八类数据信息推算不同制度设计所需的资金情况，得到的结果是：按照当前制度框架实施照护保险制度所需资金约占医保基金结余的5%。而长春市自2011年医保支付方式改革后，医保基金年结余稳定在15%左右。这一测算结果是确立主要通过调整医保基金结构来筹集资金的根源所在。

2015年，长春市颁布《关于建立失能人员医疗照护保险制度的意见》（长府办发〔2015〕3号）与《长春市失能人员医疗照护保险实施办法》（长人社〔2015〕21号），并于2015年5月1日正式实施，失能人员医疗照护保险正式成为继养老、医疗、失业、工伤、生育保险之后的社会保险的一个新险种。

二 长春市失能人员医疗照护保险制度概况

长春市失能人员医疗照护保险覆盖范围包括：城镇医疗保险参保

职工、居民医疗保险参保职工及高龄老人，制度实现了分级报销、网络结算、照护目录、照护规范、失能标准、耗材标准、远程审批的规范化。截止到2016年底，长春市享受医疗照护人数总计为3091人，其中城镇职工1597人，城镇居民1494人（见表5）。

表5   2016年长春市分年龄失能人员医疗照护保险享受情况

单位：人，%

类别	合计	60～岁	60～64岁	65～69岁	70～74岁	75～79岁	80～84岁	85～89岁	90+岁
总人数	3091	646	315	347	409	471	544	458	198
城镇职工	1597	154	148	178	256	304	359	273	90
城镇居民	1494	492	167	169	153	167	185	185	108

资料来源：根据长春市社会医疗保险管理局提供资料整理而来。

如同其他公共政策一样，长春市在构建失能人员医疗照护制度之初需要回答若干个基本问题：为什么建立制度？为谁建立制度？制度希望实现哪些目标？制度安排是独立的还是和其他制度联立乃至是一种附加制度？制度模式是什么？关于上述问题的思考，决定了制度属性是强制还是自愿，制度是普惠式制度或者针对特殊脆弱群体的福利制度还是与工作关联的社会保险制度，以及保障水平高低。

最终，长春市建立了失能人员医疗照护保险制度，从名字可知，这是一种与工作关联的社会保险制度。长春市将失能人员医疗照护保险定义为："对被保险人因年老、疾病和意外伤残等导致身体上的某些功能全部或部分丧失，生活不能自理，需要入住医院或养老护理医疗照护机构接受短期或长期的康复和护理时所支付的费用给予补偿的一种保险制度"[1]。

---

[1]　长春市社会医疗保险管理局网站：《什么是失能人员医疗照护保险》，http://www.ccyb.gov.cn/ecdomain/framework/ccyb/hekkdkeiedelbbogjggkojcphcdigoem/mkpnnfgeedfgbbogjggkojcphcdigoem.do? isfloat = 1&disp_ template = cefplpiebbagbbohkfdephbicgnpcopg&fileid = 20161216021213177&moduleIDPage = mkpnnfgeedfgbbogjggkojcphcdigoem&siteIDPage = ccyb&infoChecked = null。

长春市失能人员医疗照护保险制度被官方认定为基本医疗保险制度的延伸和补充，但在实际调研过程中我们发现，该制度符合单独架构的特征，无论是保障对象，还是资金运营与管理方面都与医疗保险有一定的差异：照护保险资金单独筹资、单独监管，从制度成立之日起就和医疗保险分离；在保障内容方面则侧重失能人员的日常照料和医疗护理。总体而言，长春市失能人员医疗照护保险既源自基本医疗保险，又有别于基本医疗保险制度。

（一）参保资格、待遇与资金筹集

按照参与对象不同，参保者相关的制度规定主要包括：目标群体与资格条件、待遇标准、筹资方式与结算方式等内容。

目标群体与资格条件：长春市失能人员医疗照护保险的保障对象为："城镇职工基本医疗保险、城镇居民基本医疗保险的参保人"，"未参加基本医疗保险或中断参保及自行终止参保缴费的，不享受失能人员医疗照护保险的相关待遇"。长春市失能人员医疗照护险还规定"未参保（基本医疗保险）、中断参保后重新参保的，应按有关规定补缴基本医疗保险费，自享受基本医疗保险统筹基金支付待遇起，同时享受失能人员医疗照护保险待遇"①。

从参保资格条件来看，长春市失能人员医疗照护保险具备三个特色：一是必须参加基本医疗保险；二是职工和居民同时参保；三是既保障长期失能人员又保障短期失能人员。长春市失能人员医疗照护保险将符合条件的职工和居民发生在医疗机构的短期失能照护覆盖其

---

① 长春市社会医疗保险管理局网站：《失能人员医疗照护保险覆盖范围是什么》http://www.ccyb.gov.cn/ecdomain/framework/ccyb/hekkdkeiedelbbogjggkojcphcdigoem/mkpnnfgeedfgbbogjggkojcphcdigoem.do? isfloat=1&disp_template=cefplpiebbagbbohkfdephbicgnpcopg&fileid=20161216021213176&moduleIDPage=mkpnnfgeedfgbbogjggkojcphcdigoem&siteIDPage=ccyb&infoChecked=null。

中，将床位费、护工劳务费用、护理设备使用费与护理日用品费用纳入照护保险资金支付范围。2016 年，长春市继续将保险待遇覆盖范围扩大到 85 岁及以上老年人。按照年龄不同，首先将已参加城镇职工医保和居民医保的 85 周岁及以上（90 周岁以下）未完全失能老人纳入失能人员医疗照护保险制度（享受待遇）；随后将参加城镇职工医保和居民医保的 90 周岁及以上老人纳入失能人员医疗照护保险范围。这种变革，使得失能人员医疗照护保险这种针对特定群体的社会保险制度具备了更强的福利特征。

待遇标准：长春市失能人员医疗照护保险制度的补偿比例根据情况有所区别。长期失能人员若入住定点照护机构：职工补偿比例为 90%，居民补偿比例为 80%。因病（包括 20 类、840 个病种）短期失能人员根据入住的医院级别确定待遇标准则根据医院等级分四档确定：职工在省级医院、市级医院、区级医院、社区医院报销比例分别为 75%、80%、85%、90%，居民则为 65%、70%、75%、80% 四个档次。85 周岁以上 90 周岁以下未完全失能老人入住定点养老照护机构的床位费给予 50% 补偿；90 周岁以上（含 90 周岁）部分失能和未失能老人按照现行标准的 70% 享受待遇。

基金筹集：长春市失能人员医疗照护保险基金筹集原则为：以收定支、收支平衡、略有结余。在制度建立时，长春市从基本医疗保险统筹基金累计结余中一次性划拨 10% 作为照护保险的风险储备资金，从职工医保基金筹集 3 亿元，从居民医保基金筹集 0.6 亿元，共计筹集 3.6 亿元。目前资金来自基本医疗保险基金，分别从职工医疗保险中按照统筹基金 0.3 个百分点和个人账户的 0.2 个百分点划转，居民按每人每年 30 元标准从居民医疗保险基金中提取。也就是说，当前长春市失能人员医疗照护保险参保个人与参保单位没有缴费义务。长春市还建立了财政补助资金制度，规定补助金额视照护保险基金收支情况确定。

（二） 失能人员认定标准

对于失能人员的认定，长春市根据不同人群采用了三项不同评分评定申请人员是否符合长期护理保险待遇标准：一是对于申请入住定点医疗照护机构，生活自理能力重度依赖的人员，根据国家制定的《日常生活活动能力评定量表》（标准"ADL 量表"）进行细化分值，评定分数 40 分及以下的人员被认定符合享受护理待遇标准；二是因疾病申请入住定点医疗照护机构者，住院期间医疗费用超过医疗保险起付线且生活完全不能自理的人员，对于此类人员按《综合医院分级护理指导意见（试行)》所确定的一级护理条件，判定是否达到符合享受待遇标准；三是癌症晚期舒缓疗护患者，采用体力状况评分（卡氏评分 KPS）小于等于 50 分为判定标准。失能人员认定，由长春市医疗保险局负责组织实施。

需要说明的是，国家制定的《日常生活活动能力评定量表》分值过于宽泛，因而长春市在实践中针对原有 ADL 量表进一步细化，在一定程度上减少了评定的主观因素。改进后的 ADL 量表详情参见表6。

表6　日常生活活动能力评定量表

项目	评分	标准	得分
大便	0	失禁或昏迷	
	2	神志清，排便失禁	
	5	偶有失禁（每周小于 1 次）	
	8	依靠外人帮助或药物可以控制	
	10	控制	
小便	0	失禁或昏迷或需他人导尿	
	2	神志模糊，无排尿意识，尿失禁（含导尿）	
	5	偶有失禁（每24小时小于 1 次）	
	8	依靠外人帮助，可以控制	
	10	控制	

续表

项目	评分	标准	得分
修饰	0	昏迷及意识障碍，完全需要帮助	
	2	神志清，肢体障碍，部分需要帮助	
	5	自理（洗脸、梳头、刷牙、剃须）	
用厕	0	意识障碍及严重肢体障碍	
	2	可在床上使用便器	
	5	需部分帮助，肢体障碍及体力虚弱	
	8	可自行如厕，需外人监督提示	
	10	自理（去和离开厕所、使用厕所、穿脱裤子）	
进食	0	完全依赖外人协助进食或鼻饲	
	2	不能使用餐具少量进食，以外人协助为主	
	5	可以使用餐具，需部分帮助（夹菜、盛饭）	
	8	可以自行进食，需外人监督提示	
	10	全面自理（能进各种食物，但不包括取饭、做饭）	
转移	0	意识不清以及严重肢体障碍，完全依赖他人协助转移	
	2	帮助下可以坐，不能进行肢体配合，需1~2人帮助转移	
	5	帮助下可以坐，可以进行肢体配合，需1~2人帮助转移	
	8	搀扶，需外人协助	
	10	可自行移至床旁，需1人协助转移至轮椅	
	15	自理	
活动	0	昏迷及意识不清，行动障碍	
	2	不能行走，只能在床上简单活动	
	5	可以使用轮椅，需外人帮助	
	8	需1人帮助步行（言语或身体帮助）	
	10	独立步行，需有人陪同	
	15	独立步行（可以用辅助器），在家和附近	
穿衣	0	完全依赖他人协助	
	2	可进行肢体配合，需他人协助	
	5	可完成部分过程，需他人协助	
	8	可以自理，需他人监督提示	
	10	自理（自己系纽扣、开关拉锁和穿鞋）	

续表

项目	评分	标准	得分
上下楼梯	0	无活动能力	
	2	需2人搀扶	
	5	需1人帮助	
	8	借助手杖上下楼梯	
	10	独立	
洗澡	0	完全依赖他人协助	
	2	部分依赖他人协助	
	5	自理（无指导能进出浴池并自理洗澡）	
总分			

资料来源：由长春市社会医疗保险管理局提供。

　　根据国家卫生部统一制定的分级护理标准中所规定的一级护理规定，符合以下情况之一，可确定为一级护理：（1）病情趋向稳定的重症患者；（2）病情不稳定或随时可能发生变化的患者；（3）手术后或者治疗期间需要严格卧床的患者；（4）自理能力重度依赖的患者①。

　　卡氏评分是一种肿瘤患者体力状况评分标准，由美国东部肿瘤协作组 Karnofsky（KPS）提出，依据病人能否正常活动、病情、生活自理程度，把病人的健康状况分为不同等级。长春市沿用了 KPS 量表，得分50分以下为保障对象。详情参见表7。

表7　健康状况自我评分（KPS）标准

得分	状态
100	身体正常，无任何不适
90	能进行正常活动，有轻微不适
80	勉强可进行正常活动，有一些不适

---

① 中华人民共和国国家卫生和计划生育委员会：《护理分级》（WS/T 431 – 2013）. http://www. nhfpc. gov. cn/zhuz/pjl/201412/941e75f5e9514b8ea1b5e2e05954d09e. shtml。

续表

得分	状态
70	生活可自理，但不能维持正常生活或工作
60	有时需人扶助，但大多数时间可自理
50	常需人照料
40	生活不能自理，需特别照顾
30	生活严重不能自理
20	病重，需住院积极支持治疗
10	病危，临近死亡
0	死亡

资料来源：长春市社会医疗保险管理局，《医疗照护险卡氏评分内容》，http://www.ccyb.gov.cn/ecdomain/framework/ccyb/hekkdkeiedelbbogjggkojcphcdigoem/mkpnnfgeedfgbbogjggkojcphcdigoem.do? is-float = 1&disp_template = cefplpiebbagbbohkfdephbicgnpcopg&fileid = 20161216021213192&moduleIDPage = mkpnnfgeedfgbbogjggkojcphcdigoem&siteIDPage = ccyb&infoChecked = null。

（三）医疗照护服务目录

失能人员医疗照护保险制度对供给内容与流程进行了明确规范。长春市失能人员医疗照护保险制定了照护目录、照护规范与耗材标准，并实现了失能人员医疗照护保险的网上申报、网上审批和网上结算功能。长春市失能人员医疗照护保险施行养老机构按床日定额包干制度，日定额标准97元，使用一次性耗材增加10元；在医疗机构实行按病种按日补偿，执行医保住院有关待遇标准。医疗照护服务目录参见表8。

表8 医疗照护服务目录

耗材名称	限价（元）	耗材名称	限价（元）
1. 口腔护理包	5.3	4. 香皂	4.7
2. 会阴冲洗包	2.9	5. 盆	9.4
3. 毛巾	8.8	6. 一次性床单	2.9

耗材名称	限价（元）	耗材名称	限价（元）
7. 尿不湿	1.6	23. 一次性灌注器	6.5
8. 引流袋	16.5	24. 纸尿裤	2.0
9. 小便器	3.5	25. 卫生纸	2.4
10. 大便器	2.9	26. 男性假性接尿器	17.6
11. 一次性鼻导管	1.2	27. 灌食器	18.6
12. 一次性灌肠包	7.1	28. 指甲刀	0.7
13. 烧伤一次性被褥	37.8	29. 男性外用引流袋	8.0
14. 烧伤一次性被罩	15.1	30. 牙刷	5.3
15. 烧伤一次性床单	8.6	31. 牙膏	7.6
16. 一次性枕头	5.8	32. 一次性吸管	0.2
17. 次性枕套	1.2	33. 老年人用围嘴（防水）	8.8
18. 烧伤一次性纱垫	16.2	34. 餐具（失能老人专用）	35.3
19. 一次性导尿管	4.1	35. 防逆流尿袋	12.9
20. 一次性使用鼻胃肠管	176.5	36. 护理费（养老院含床位）	97.0
21. 吸痰管、吸痰盒、吸引器连接管	1.2	37. 护理费（医疗机构护理）	102.0
22. 吸痰管	1.2		

资料来源：长春市社会医疗保险管理局提供。

（四）医疗照护定点服务准入制度

截至2016年，长春市在民政部门注册的养老服务机构有531家，总床位数3.6万余张。长春市失能人员医疗照护保险为了规范服务流程与标准，建立了定点机构准入制度，目前三类机构可以申请加入失能人员医疗照护保险制度：经卫生部门批准成立的医疗服务机构、经卫生（民政）部门批准成立的具备一定医疗资质的养老服务机构和护理机构以及与二级以上医疗机构签订服务协议的护理机构和养老机构。各机构申请成为失能人员医疗照护保险定点服务机构，经医保局实地评估之后确定是否可以成为定点机构。实地评估标准见表9。

表9　失能人员医疗照护保险定点服务机构实地评估标准

项目	考核内容	分值	评分标准	考核记录	得分
一、规模及环境（32分）	经营时间	3	申请机构成立及法人经营时间3年以上的，得3分； 申请机构成立及法人经营时间1年以上、不足3年的，得2分； 申请机构成立满1年但法人经营时间不足1年的，得1分； 申请机构成立不满1年的，得0分		
	服务场所	3	自有房屋，得3分； 租赁房屋，得1分		
	园林环境	4	单独拥有优美自然风景和人文景观的园林环境，得4分； 周边300米以内有优美自然风景和人文景观的园林环境，得2分		
	室外活动场地	4	单独拥有： 不小于500平方米的室外活动场地，得4分； 不小于300平方米的室外活动场地，得3分； 不小于200平方米的室外活动场地，得2分； 不小于100平方米的室外活动场地，得1分； 小于100平方米的室外活动场，得0分 周边共享（300米以内）： 不小于500平方米的室外活动场地，得2分； 不小于300平方米室外活动场地，得1.5分； 不小于200平方米室外活动场地，得1分； 不小于100平方米室外活动场地，得0.5分； 小于100平方米的室外活动场，得0分		
小计					

日期：　　　　　　　　申请机构负责人签字：　　　　　　　　评估小组签字：

项目	考核内容	分值	评分标准	考核记录	得分
一、规模及环境（32分）	床位数量	12	床位数量301张以上的，得12分； 床位数量101~300张，得9分； 床位数量100张以下的，得6分		
	配套面积	6	每张床位配套建筑面积45平方米以上，得6分； 每张床位配套建筑面积38平方米以上，得4分； 每张床位配套建筑面积20平方米以上，得2分。		

续表

项目	考核内容	分值	评分标准	考核记录	得分
二、设备设施46.2分	居室	8	每张床位使用面积≥8平方米，得8分； 每张床位使用面积≥7＜8平方米，得7分； 每张床位使用面积≥6＜7平方米，得6分； 每张床位使用面积≥5＜6平方米，得5分； 每张床位使用面积＜5平方米，得4分		
小计					
二、设备设施46.2分	居室	6	（1）单人床、（2）床头柜、（3）桌椅、（4）衣柜、（5）衣架、（6）毛巾架、（7）毯子、（8）褥子、（9）被子、（10）床单、（11）被罩、（12）枕芯、（13）枕套、（14）枕巾、（15）时钟、（16）梳妆镜、（17）洗脸盆、（18）暖水瓶、（19）痰盂、（20）废纸桶、（21）床头牌、（22）呼叫铃、（23）电扇、（24）空调（1.4分），其他每项0.2分		
	居室	2.6	（1）室内物品摆放整齐、（2）桌面、（3）地面、（4）门窗、（5）家具、（6）墙壁清洁无积灰、（7）室内无垃圾、（8）无蝇、蚊滋生地、（9）无鼠、（10）无臭虫、（11）无异味、（12）采光良好、（13）通风良好，每项0.2分		
	卫生间和浴室	2	（1）安装在墙上的尿池、（2）坐便器、（3）卫生纸、（4）卫生纸专用夹、（5）废纸桶、（6）淋浴器、（7）坐浴盆或浴池、（8）防滑的浴池垫和淋浴垫、（9）浴室温度计、（10）抽气扇，每项0.2分		
	餐厅	2.6	总餐位数与机构老人及探视人员就餐相适应（1分）；持有《卫生许可证》（1分）；排污设施符合卫生和环保要求（0.2分）；有垃圾分类设施并保持其封闭（0.2分）；使用符合国家标准的消杀蚊蝇、蟑螂和老鼠等虫害的设备用药剂（0.2分）		
	餐厅	1.8	（1）餐桌、（2）座椅、（3）时钟、（4）公告栏、（5）废纸桶、（6）窗帘、（7）消毒柜、（8）洗漱池、（9）排烟和换气设备，每项0.2分		
小计					

续表

项目	考核内容	分值	评分标准	考核记录	得分
二、设备设施46.2分	公共区域及其他	11.6	设有接待室（2分）；设有老人阅读、写字、绘画的场所（2分）；设有棋牌室娱乐场所（2分）；有室内健身康复场所（2分）；有完善的康复器械（1分）、健康器械（1分）；有必备的洗衣机（0.2分）和熨烫等工具（0.2分）；有可供老人使用的电话（1.2分）		
	提供医疗服务情况	10	内设医疗机构，具有《医疗机构许可证》（6分）及配备符合卫生部《医疗机构基本标准》规定的专业医护人员（4分）；采取与专业医疗机构签订合作协议的方式为老年人提供医疗服务，具有《医疗机构许可证》，被签医疗机构必须具备处理老年人在养老机构内各种突发性疾病和其他紧急情况的能力（5分）		
	安全防护情况	1.6	(1) 活动区域和走廊、楼梯两侧是否设有安全扶手；(2) 房门是否方便轮椅进出；(3) 是否有无障碍通道；(4) 室内家具、各种设备是否无尖角或有突出保护；(5) 起居室和卫浴室有紧急呼叫设备；(6) 备有急救箱；(7) 备有轮椅车；(8) 公共区域有明显标志和安全标识，每项0.2分		
小计					
三、管理和服务（21.8分）	护理人员配备	5	达到自理1：7；半自理1：5；全护理1：1-3及以上，得5分，未达到比例不得分		
	专业技术人员持证上岗情况	8	护理人员持证上岗率≥80%，得4分；从事医疗、康复、社会工作，持证上岗率达到100%得4分；		
			护理人员持证上岗率≥70% <80%，得3分；从事医疗、康复、社会工作、餐饮服务人员，持证上岗率≥80% <100%，得3分；		
			护理人员持证上岗率≥60% <70%，得2分；从事医疗、康复、社会工作、餐饮服务人员、养老护理人员，持证上岗率达到≥60% <80%的，得2分；		
			护理人员持证上岗率≥50% <60%，得1分；从事医疗、康复、社会工作、养老护理人员，持证上岗率达到≥50% <60%，得1分		

续表

项目	考核内容	分值	评分标准	考核记录	得分
三、管理和服务（21.8分）	内部管理规章制度建设情况	2.8	（1）制定安全、（2）消防、（3）卫生、（4）财务、（5）应急预案、（6）档案管理规章制度、（7）装订成册可用、（8）制定服务标准和工作流程、（9）予以公开、（10）签订协议、（11）建立老年人信息档案、（12）老年人健康档案、（13）值班制度及记录、（14）在醒目位置公示各类服务项目的收费标准和依据（每项0.2分）		
小计					
日期：		申请机构负责人签字：		评估小组签字：	
三、管理情况（21.8分）	与员工签订劳动合同和参加医疗保险情况	6	劳动合同签订率达100%，得3分；参加职工医疗保险率达100%的，得3分；		
			劳动合同签订率≥80% <100%，得2.5分；参加职工医疗保险率≥80% <100%，得2.5分；		
			劳动合同签订率≥50% <80%，得2分；参加职工医疗保险率≥50% <80%，得2分；		
			劳动合同签订率<50%，得1分；参加职工医疗保险率<50%，得1分		
小计					
合计					

资料来源：由长春市社会医疗保险管理局提供。

定点准入制度还包括服务管理考核制度，由医疗保险局主管机构针对定点服务机构的基础管理指标以及信息管理三大类情况进行考核。针对各种违规行为，规范与处罚内容包括：整改、拒付、追讨费用直至责令退出。

（五）失能人员医疗照护保险服务流程

总体来看，长春市的失能人员医疗照护保险对运行流程建立了四个主要标准：失能鉴定标准、待遇支付标准、护理服务标准、护理机构准入标准，对于照护服务运行的全流程进行了规范和监督。围绕失能服务供需双方，提供了明确的操作流程。失能人员申请服务的具体流程如下。

失能人员选择定点养老机构，养老机构初评是否符合享受待遇条件，符合条件的上报给医保局，医保局组织复评。复评通过的继续享受待遇（并且追认从入住到复核通过这一期间的待遇）；不通过的不予兑现待遇。参保人员因病情好转或其他原因需停止失能人员医疗照护保险待遇的，可随时办理失能人员医疗照护保险结算手续。通过评审后，待遇享受人员持社会保障卡在选定的定点机构办理入住，通过长期护理保险信息系统结算，直接享受相关待遇。对入住定点养老或护理医疗照护机构者，依据平均医疗照护标准确定每床日医保支付最高收费标准。照护费用低于医保支付最高收费标准的，以实际发生费用额度为准。

三 长春市失能人员医疗照护保险发展与问题概况

自 2015 年长春市建立失能人员医疗照护保险，至 2017 年 5 月，全市共有 53 家定点医疗照护服务机构开展了失能人员医疗照护保险业务（其中长期照护机构 35 家，短期照护定点医院 18 家），护工 1113 人，床位有 14757 张，累计医疗照护费用总额为 9389 万元，照护保险统筹基金支付 7530 万元，补偿比例达到 80%，已享受照护保险待遇 29385 人次。照护保险基金累计结余 10 亿元，其中职工照护保险基金结余 8.46 亿元，居民照护保险基金结余 1.54 亿元①。制

---

① 数据由长春市医保局提供。

度建立以来，不仅惠及失能人员，也优化了医疗服务结构，节约了经费支出，更是带来了照护产业的发展，起到了类似于产业政策的作用。

一是极大缓解了失能人员及家庭的经济负担。长春市失能人员入住养老机构全年费用在 4 万元左右，通过失能人员医疗照护保险补偿，参保职工全年只需承担 3000 余元左右，参保居民只需承担 7000 余元就能享受照护服务，这极大缓解了失能人员及家庭的经济压力。

二是护理服务产业迅速发展。长春市医疗照护保险制度的实施，让定点服务机构有了稳定的资金来源，相当于有效需求迅速扩大，这促进了社会养老机构的发展。照护保险实施以来，入住养老院的失能人员数量迅速攀升。长春市医疗照护保险还制定了严格的护理流程、护理内容，实行不定期检查制度，这促使护理方式从生活护理向专业护理转变。迅速增长的护理服务需求带来了类似于产业政策的效果。

尽管长春市失能人员医疗照护保险实施时间只有两年，但在调研中发现，这一制度存在一定的问题与隐忧。

首先，失能认定标准还需要进一步的改善。尽管长春市已经针对国家标准 ADL 量表进行了细化，减少了评定环节的主观性，但没能改变 ADL 量表自身的局限性。ADL 量表并不涉及精神类疾病，而在实践中，精神类疾病所需要的护理无论在数量还是在难度上远高于普通失能护理；缺乏专业机构对失能人员的生活能力进行鉴定。在实践中，长春市只能委托医疗机构与护理机构进行失能认定，但现有 ADL 量表的项目分值较宽，依旧存在一定的主观因素，导致失能评定的不够准确。

其次，保障范围较小。目前制度只保障入住养老照护机构的重度失能人员和高龄老人，中度失能人员和居家养老的失能人员还没有被纳入其中，而且制度并不能保障精神类失能人员。除了以上保障对象的缺失之外，制度层次偏低，当前只覆盖长春市城镇职工与居民。这两个问题为制度发展留下了严重的隐患——当制度无法保障居家养老时，原本有能力居家养老的群体将转化为机构养老；当制度无法保障中度失能而失能认定又存在主观因素时，一方面带来了寻租空间，另一方面导致了"中度失能陷阱"。制度存在的断崖式安排，导致制度公平性有待改进。

再次，制度的可持续性存在隐忧。制度运行两年来，长春市失能人员医疗照护保险覆盖人群迅速增长，在走访过程中发现，失能人员医疗照护保险在客观上形成了类似于产业政策的效果，各养老机构都在快速扩张，而且新增床位往往在数月的时间内满员。需要说明的是，制度实施后，由于护理需求迅速扩大，护理费从平均每月3000元上涨到5000元。以上种种因素均意味着，支出在未来可能迅速扩张，制度覆盖人数可能会远高于当初的测算结果。另外，当前制度并不需要参保者缴费，资金全部源自基本医疗保险制度，而医疗保险收支状况将很可能随人口老龄化而面临着越来越大的压力。而且，制度并没有建立明晰的财政补贴机制，仅明确了财政最后的兜底责任。总体来看，短期内制度财务可持续性不存在问题，但长期来看风险较大。

另外，制度构建之初所期待的提高"优化医保资源配置，提高医保基金使用效率"在当前医疗保险制度下，或许并不会成为现实。虽然长春市失能人员入住照护保险定点服务机构的平均床日费用为100元左右，而医疗保险住院平均床日费用近1000元。虽然医疗照护日均指出远低于医疗机构照护日支出，但即使将符合条件的参保者都从医疗机构转移到了招呼机构，医疗机构的床位依旧紧张，这意味着，在现有医疗保险体制下，降低医疗费用的努力是很难实现的。

　　最后，当前的失能人员医疗照护保险制度还没能和其他部门的相关政策形成有效对接。民政部、中国残联出台的相关政策没能形成一站式服务；而且，养老机构在经营中也遇到了一系列困难，如机构责任险、护理服务短缺等。这些都在困扰着失能人员医疗照护保险的发展。

南通："全覆盖"的基本照护保险

　　南通市位于长江三角洲的洲头，距上海百余公里，是全国文明的"教育之乡""长寿之乡"，全国百强城市第22名，GDP总量位列全国第21位，所辖县市均为全国百强。

　　自20世纪90年代初我国全面建设社会主义市场经济以来，南通借着长江三角洲快速发展之机，经济增长势头迅猛。1993～2016年，全国人均GDP年均增长9%，而南通的人均GDP年均增长率达到13%，高出4个百分点。2016年南通经济社会各项指标再创新高，人均GDP达到92702元，约合13961美元，相当于同期全国平均水平的1.7倍；全市的地方财政总收入为1400亿元，按户籍人口算，人均地方财政收入可达到18260元，相当于同期全国平均水平的1.6倍。南通在大力推动经济发展的进程中，不断创新发展民生和社会事业，目前是"全国地级市民生发展百强"的第14位。

　　近年来，南通老龄化尤其是高龄化日益攀高，加之劳动力净流出，当地养老问题尤其是失能老人的长期照护问题日益突出，2015年10月，经过多方论证，南通市政府颁布《关于建立基本照护保险制度的意见（试行）》，于2016年1月1日起在南通三个辖区（崇川区、港闸区、市经济技术开发区）正式推出基本照护保险制度。在南通基本照护保险制度实行半年后，2016年6月，人力资源和社会保障部办公厅发布了《关于开展长期护理保险制度试点的指导意见》，正式决定在全国试点长期护理保险制度。人力资源和社会保障部建议的试点方案，无论从主体框架还是制度原则，与南通基本照护保险都十分相近，这也体现了"南通模式"在全国试点中的重要地位。中国社会科学院世界社保研究中心团队主要成员分别于 2016 年 3 月和 2017 年 6 月赴南通调研基本照护保险，通过两次调研，深入了解了该市基本照护保险制度的出台背景、制度特征和实施情况。

一 南通市人口与经济环境分析

（一）人口负增长加剧老龄化

南通老龄化问题比较突出。根据南通市统计局数据，截至 2016 年底，全市户籍人口 766.7 万，其中 60 岁及以上老年人达到 216.2 万人，占全部户籍人口的 28.2%，这一比例较同期全国 16.7% 的老年人口比例高约 12 个百分点。

从过去的半个多世纪人口发展来看，南通的人口自然增长率持续低于全国，而且，在全国人口总量仍在增长的大趋势下，南通自 2002 年起出现人口持续负增长，2015 年比峰值（1998 年）时的户籍人口少了 20 万（见图 1）。

此外，由于江苏各地经济发展不均衡，且几个重要经济增长极如南京、无锡、苏州、常州与南通的交通半径不大，足以形成劳动力虹吸效应，造成包括南通等地市的人口净流出。2007~2009 年南通各年的常住人口比户籍人口均少近 50 万，近年来虽然出现人口回流，但

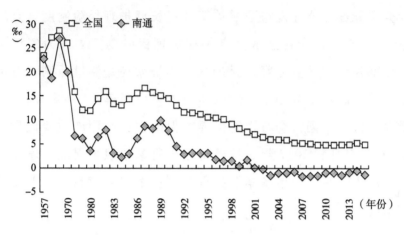

图1　南通与全国人口自然增长率对比

注：表中去除了人口急剧减少 1959~1961 年的特殊年份。

资料来源：根据南通市统计局官网"数据南通" http://tjdata. nantong. gov. cn/index-Tree_ toIndex. do 公布的数据，由作者绘制。

2010 年至今常住人口仍比户籍人口少 35 万~38 万（见图 2）。人口负增长与户籍人口流出产生的双重效应叠加，加重了南通老龄化程度。

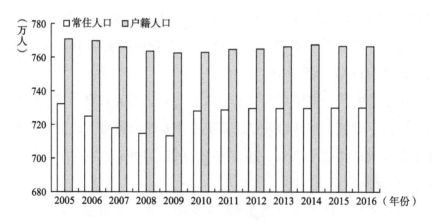

图2　南通常住人口和户籍人口

资料来源：根据南通市统计局官网"数据南通" http://tjdata. nantong. gov. cn/indexTree_ toIndex. do 公布的数据，由作者绘制。

（二）高龄化和老年家庭空巢化问题较突出

南通是全国著名的长寿城市，高龄化问题突出。2016 年全市人均预期寿命 81.4 岁，比同期全国平均水平高 5 岁；其中 80 岁及以上高龄老人共有 34 万人，90 ~ 99 岁老年人超过 4 万人，百岁老人 1030 余人，80 岁及以上高龄老人占全市总人口的 5%，是同期全国平均水平的 2.8 倍。南通人的长寿，可以与世界长寿之国日本比肩，但同时也带来了社会问题。按照健康寿命周期，超过 80 岁，生活自理能力会显著下降，全国老龄办对 20 个城市的调研显示，60 ~ 69 岁老年人口中生活不能自理的老年人占 3%，70 ~ 79 岁的这一比例为 6% ~ 10%，80 ~ 84 岁上升至 17%，85 岁以上会超过 32%。高龄人口越多，失能老人的人口比例就越高，长期护理负担就越重。

不仅如此，南通老年人面临的空巢问题也比较突出。南通毗邻上海、苏州等经济发达城市，经济虽然较为发达，但仍是人口净流出地。2016 年，南通的常住人口不到 740 万，比户籍人口少近 37 万，很多青壮劳动力离乡工作，老年空巢现象较为普遍。在全市 210 多万老年人中，空巢老年人就有 98 万人，其中农村空巢老人 56 万人、城市空巢老人 42 万人。大量劳动力外流，使得空巢老人缺少家庭的照顾，一旦失能极易陷入生活困难。

正是由于超级老龄化的形势，南通未雨绸缪，先于国家试点，探索建立失能人员基本照护保险制度，并形成了以居家照护为基础的、具有南通特色的制度模式。

二 南通市基本照护保险制度的核心内容

（一）参保筹资

按照南通市政府《关于建立基本照护保险制度的意见（试行）》（以下简称《意见》）的文件精神，首先在崇川区、港闸区、市经济技术开发区三个行政辖区开展试点，三区合计大约 120 万人，占南通常住总人口的 16%。在参保筹资上，南通做出了两点重要创新。

1. 实现了城镇职工与城乡居民的同步覆盖

按照《意见》，南通基本照护保险制度参保群体为参加企业医疗保险的职工和参加城乡医疗保险的居民，包括了三个辖区所有参保的婴幼儿、学生儿童、青壮年和老年人。截至 2017 年 12 月，在全部参保人员中，企业职工约占 60%，城乡居民占 40%。

2. 启动了个人缴费责任

按照《意见》，参保人员应按上年城镇居民人均可支配收入的 3‰左右缴费，设立基本照护保险财政专户，试点期间暂按每人每年 100 元的定额筹资。具体筹资渠道可分四个：①个人缴费，城镇居民按每人每年 30 元缴费，其中，未成年人、在校学生、低保家庭、特困职工家庭以及 1~2 级重残人员的缴费由政府全额补助，城镇职工的个人缴费从其个人医疗保险账户中直接划转；②医疗保险基金划转，全部参保人员按每人每年 30 元分别从职工医保和居民医保统筹基金中转入；③财政补助，市财政在年初按每人每年 40 元一次性划入；④从福利彩票基金中筹集，筹资标准将视人均可支配收入增长和基金收支情况调整。总体上，南通基本照护保险的筹资方向是逐步提高个人缴费和财政补助所占的比重，相应降低从医保基金中划拨资金的份额。

按照现有标准，在试点期间，预计每年通过缴费可筹资 1.2 亿。截至 2017 年 6 月底，财政在融资中的比例占到一半、约 5000 万元，其中福利彩票基金有 2000 万元。

（二）待遇保障

1. 待遇资格

申请人须经过不少于 6 个月的治疗，并按照《日常生活活动能力评定量表》（Barthel 指数评定量表）经评估属于重度或中度失能人员，方可享受基本照护保险待遇。规定重度失能的标准为评分 40 分及以下，中度失能为评分 41～50 分，计划适时把失智人员纳入覆盖范围。

自 2016 年 1 月 1 日起实施，截至 2017 年 6 月底，南通基本照护保险累计享受待遇共 3536 人，其中重度失能者累计 3107 人、中度失能者累计 429 人。这些符合资格的失能人员中，有 80% 左右得到居家照护，20% 左右在照护机构接受照护服务。这种分配结构体现了南通基本照护保险“以生活照料为主，医疗护理为辅”的制度定位。

2. 保障范围

基本照护保险基金支付范围包括定点服务机构的床位费、照护服务费、护理设备使用费、护理耗材等。服务内容包括但不限于清洁、睡眠、饮食、排泄、卧位与安全照料，病情观察、心理慰藉，管道照护、康复照护、清洁消毒等。

截至 2017 年 6 月底，南通基本照护保险基金共支出 866 万元，人均近 2600 元。从基金支出规模来看，绝大多数受益者接受比入住机构成本低得多的居家照护，基本照护保险中有超过 10% 的受益者是中度失能者，体现了"广受益"的制度方针。

3. 待遇标准

南通规定基本照护保险不设起付线，各类定点服务机构的报销比例分别为：医疗机构照护床位为 60%、养老服务机构照护床位为 50%，上门照护服务每月限额 1200 元，其中居家照料通过服务包实现。为了控费，南通采取定额管理，重度和中度失能人员的机构照护分别按每人每天 50 元和 10 元支付，养老服务机构分别按每人每天 40 元和 10 元支付，居家照护分别按每人每天 15 元和 8 元支付补助，同时享受居家照护服务包。按照规定，中度失能人员暂时不能享受居家套餐服务。居家照护服务包是在充分的市场调查基础上、根据被调查者反馈意见总结了最主要的 13 项需求推出。

根据 2017 年 9 月 27 日南通市人力资源和社会保障局印发的《南通市基本照护保险居家上门照护服务意见》，服务套餐选定后不得随意变更，确有需要的，也需在服务套餐满一个服务周期后提交变更申请。截至 2017 年 12 月，重度失能人员居家照护服务包共有 6 个，包括安康 1~2、护康 1~4，价格为每月 370~500 元。

（三）经办管理

1. 第三方经办

南通基本照护保险采取第三方经办模式。经办机构负责基金筹集、业务指导和监督、确定定点服务机构等，并将受理评定、费用审核、结算支付、照护人员能力培养、服务监督、稽核调查、信息维护等具体业务通过政府购买服务形式委托第三方按照保本微利的原则参与经办，管理费率为基金的 1%~3%。

2016 年 4 月，南通市政府采购中心通过招投标，确定了由平安养老江苏分公司作为主承包方，联合太平养老股份有限公司南通中心支公司、太平洋人寿保险公司和中国人民人寿公司组成共保体，组建"南通市照护保险服务中心"（以下简称"照护中心"）参与经办。

2. 结算与控费

南通基本照护保险实行按床日定额结算办法，制度初期的床日费标准暂定为 70 元，并按医院、护理院、养老院分档确定。具体支付标准为：①入住医疗机构的，重度失能者每人每天 50 元，中度失能者每人每天 10 元；②入住养老服务机构的，重度失能者每人每天 40 元，中度失能者每人每天 10 元；③接受居家照护，重度失能者每人每天 15 元，中度失能者每人每天 8 元。南通医保经办部门按照审核通过的人数和待遇标准向基本照护保险服务中心拨付资金，基本照护保险服务中心自觉执行控费。按照规定，超支 5% 以内的由基本照护保险服务中心承担，超支 5% ~10% 的由政府与该中心分担。为了对第三方参与经办的工作效能形成约束，基本照护保险服务中心须在医保经办机构预留一定比例的服务质量保证金，并在年终考核后进行结算。

（四）失能评定

南通基本照护保险采取"Barthel 指数评定量表"作为照护服务需求的评定工具，评分结果为 40 分以下的为重度失能，41~50 分为中度失能。基本照护保险中心在接到参保人的申请后，依次推进经办流程：对材料进行初审——安排不少于 2 名专业人员进行现场评定——走访调查——评定与结果公示——市劳动能力鉴定中心出具评定结论书——通知申请人或其代理人。

流程规划可以提高鉴定工作效率。基本照护保险服务中心接到申请后，一般先委托申请人所在社区进行初审、筛查，淘汰明显不符合条件的申请人，然后由市劳动能力鉴定中心派出鉴定队伍登门实施鉴定，目前有两只鉴定队伍，分别由 1~2 名专家带队，每 2 年对享受照护保险待遇的人员进行复评。失能评定工作的经费从照护保险基金中列支，其中，居家照护评定费每评定一人合计最高不超过300元、机构照护每评定一人为200元。

申请人在被细化的Barthel指数评定量表上勾选，并承诺真实性，每张表上设有社区意见栏，由社区对勾选情况加以确认。由于社区和前台工作人员均有一定程度的培训，筛查准确度高，节省了鉴定费用，提高了鉴定通过率。目前，重度失能通过率为85%，Barthel指数50分以内的申请通过率达到95%。

三　南通市基本照护保险制度的实施情况

（一）享受待遇人员

南通基本照护保险在城乡之间、职工和居民之间同步开展，从重度失能人员推开，逐步将中度失能人员纳入其中。

1. 重度失能者与中度失能者兼顾

截至2017年6月底，南通基本照护保险累计评定3883人，其中有3536人符合待遇条件并开始享受基本照护保险待遇[①]。在这3536名享受待遇的人员中：60岁以下占比为8.7%，60岁及以上占比为91.3%，其中85岁及以上高龄老年人占比最高，达到39.3%；在所有受益对象中，女性占58%、男性占42%；南通基本照护保险不仅覆盖重度失能者，还覆盖中度失能人员，受益对象中的中度失能者占12%。自试点实施以来，累计有552名享受照护保险待遇者已经过世，占累计享受待遇人员的15.6%（见表1）。

---

① 如无特别说明，以下部分的数据均来自南通市人力资源和社会保障局。

表1 基本照护保险评定和覆盖待遇条件人数

单位：人

类别		全部评定	符合待遇条件
总人数		3883	3536
年龄	不满60周岁	335	306
	年满60周岁不满75周岁	765	670
	年满75周岁不满85周岁	1273	1169
	年满85周岁	1510	1391
性别	男	1650	1490
	女	2233	2046
评定等级	重度失能	3111	3107
	中度失能	429	429
	不符合	343	0
评定得分	0	563	563
	0~15分	903	903
	16~25分	723	723
	26~40分	918	918
	41~50分	573	429
	50分以上	203	0
死亡状态	是	574	552
	否	3309	2984

资料来源：南通市人力资源和社会保障局提供数据，由作者统计汇总。

2. 城乡各类群体全覆盖

南通基本照护保险制度覆盖了所有医疗保险参保群体，包括城镇职工、城镇居民和农村居民，参保群体按照年龄还可进一步划分为老年、成年和未成年，从而可将南通基本照护保险参保群体细分为九类：城镇退休职工、城镇在职职工、城镇老年居民、城镇成年居民、城镇未成年居民、农村老年居民、农村成年居民、农村未成年居民，以及一部分未参加医疗保险的中小学生。在南通基本照护保险待遇的受益者中，城镇老人占88%，其中退休职工占50.4%、老年居民占

37.6%；农村老年居民占全部受益者的 6.2%，受益率较低，主要原因是农村照护服务供给不足影响了照护保险的实施；其余 5.8% 的受益者是参加新农合的未成年和成年人（合计占比为 0.4%）、城镇未成年和成年居民（合计占比为 3.6%）、在职职工（合计占比为 1.6%）以及中小学生（合计占比为 0.2%）。从图 3 不难看出，老年人是基本照护保险的受益主体，其中退休职工与城镇老年居民是最大的受益群体，且城镇老人受益率远高于农村，此外，受益者中非老年人也占到近 6%，这类群体失能的原因与老年人不同，需要特别关注照护服务的适用性。

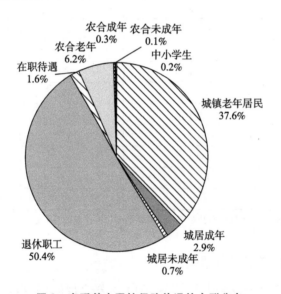

图 3　享受基本照护保险待遇的人群分布

资料来源：南通市人力资源和社会保障局提供数据，由作者统计汇总。

3. 女性受益者明显多于男性

南通全市人口平均期望寿命为 80.98 岁，其中男性为 78.56 岁、女性为 83.50 岁，女性平均期望寿命比男性约高 5 岁（2015 年）。这样的期望寿命决定了南通基本照护保险受益群体的年龄分布特征：

①高龄女性是享受基本照护保险待遇的主要群体，其中85岁及以上女性占29%，是最大的受益群体；其次是75～85岁的女性老年人，占18%；南通男性享受基本照护保险的主要集中在75～85岁，占15%，其次是85岁及以上的男性老年人占11%。②75岁以下的受益群体中，男性多于女性，占比情况分别是：60～75岁男性占11%、60～75岁女性占8%、60岁以下男性和女性分别占5%和3%。有40%的受益者是85岁以上高龄老人，这些人失能后康复的概率极小，凸显临终关怀和精神慰藉等服务的必要性（见图4）。

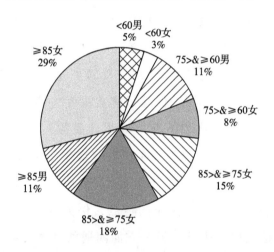

图4　不同年龄不同性别享受基本照护保险待遇的人群分布

资料来源：南通市人力资源和社会保障局提供数据，由作者统计汇总。

总体来看：①75岁是失能风险快速增加的分水岭，南通基本照护保险受益者中，75岁及以上老年人合计占73%；同时，75岁以下的低龄失能老人不容忽视，这部分人占南通基本照护保险受益者的19%；非老年人受益者合计占8%。②女性合计占受益者的58%、且向高龄集中，男性合计占受益者的42%、需要关注低龄老人和非老年人群体。不同年龄和不同性别失能者的身体状况不同，照护服务需求各异，需要有针对性的照护规划和服务项目。

（二） 照护服务

照护服务尤以居家上门照护服务为重点。

1. 定点机构照护服务

2016 年 8 月 11 日南通市人力资源和社会保障局印发了《南通市基本照护保险定点照护服务机构协议管理试行办法》，明确了养老机构、护理院、医院及社区卫生服务中心申请成为定点照护服务机构的条件和程序。按照该办法，定点照护服务机构除了满足基本设施条件以外，还需成立评估小组，为居住本单位的照护保险参保人进行失能评估。为了监督服务质量，该办法规定，以"结算预留"的方式建立诚信保证金制度，将月度结算总额的 5% 预留至年终结算。

起步初期，南通基本照护保险只覆盖重度失能群体，且居家照护以提供照护津贴为主。到 2016 年底时累计受益人数为 1996 人，其中享受居家照护待遇的占 81.7%、在护理院接受照护服务的占 18.3%。自 2017 年起，南通扩大照护服务定点机构，一方面将养老院和医院照护病床相继纳入基本照护保险的定点，例如仅 2017 年 5 月就有 20 人在定点病床接受照护服务；另一方面南通将基本照护保险向中度失能人员延伸，并居家照护由单纯的照护津贴转向津贴与上门服务相结合。

截至 2017 年 6 月，在享受照护保险待遇的人员中，居家照护、定点养老机构、定点护理院、医院病区的照护对象分别占 80.9%、15.9%、2.6% 和 0.6%（见图 5）。到 2017 年 12 月，南通市照护保险定点机构有 6 家护理院、5 家养老院、1 家照护病区[1]。

---

[1] "先行先试：照护保险让失能人员体面生活家庭减负"，《江海晚报》2017 年 12 月 20 日，第 12、13 版，http://epaper.ntrb.com.cn/new/jhwb/html/2017-12/20/node_41.htm。

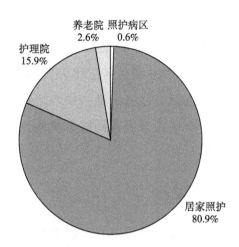

图5　2017 年 6 月享受照护服务人员接受照护服务的机构分布

资料来源：南通市人力资源和社会保障局提供。

2. 居家上门照护服务

为了规范居家上门服务，南通市开发了一系列服务套餐。套餐内容是在市场调查和走访充分了解照护需求的基础上开发的，并根据操作实践中得到的反馈进行调整。截至 2017 年 6 月，南通基本照护保险共设有"安康"2 个和"护康"4 个共 6 个上门服务套餐，套餐价格为每周期 370 ~ 500 元不等。按照规定，每 4 次上门服务为一个周期，一个周期结束后，照护对象可申请更改套餐。接受套餐的居家照护对象需个人承担 10% 的服务费用，其余的 90% 由照护保险基金支付。目前，南通居家上门照护服务套餐仅面向重度失能人员，中度失能人员不享受套餐服务。

由于服务市场还未健全，到 2017 年 6 月，南通市提供居家上门照护服务的人员只有 60 余人，供给严重不足。为此，南通市人社局于 2017 年 6 月 30 日发布《关于试行将居家照护服务企业纳入市区基本照护保险协议管理的通知》，将符合条件的居家照护服务企业纳入照护保险协议管理。这项政策已经实施，很快产生效果，提供上门服务的机构和服务人员快速增加。初步统计，到 2017 年 12 月已有超过 1000 人提供居家上门照护服务，享受上门服务的失能人员达到 1300 多人，服务超 15 万人次，服务满意度达到 98% 以上①。随着服务供给的增加，市场有了更多选择，过去由照护中心根据申请人的居住地就近安排服务，已改为由申请人自主选择服务机构，推动居家上门照护服务机构之间有序竞争。

（三） 基金筹集与支出

南通市基本照护保险确定以收定支、收支平衡、略有结余、财政托底、强化个人责任为基本原则，建立了个人少量缴费、医保基金划拨、财政补助、福利公益金充实等"四源合一"的多元化动态筹资机制，制度初期每年由个人、基金、财政分别按 30 元、30 元和 40 元筹资。截至 2017 年 6 月实际筹资 1.1 亿元，其中市本级财政直接投入资金占基金总量的 46.8%②。

在 2016 年 1 月启动基本照护保险试点之前，南通有关部门预测试点三区约有 6000 人重度失能者，占三区总人口的 5‰，但试点一年半后，到 2017 年 6 月底，累计受益 3536 人，不到预计人数的六成，显示试点推进十分谨慎。与其他试点城市类似，由于没有全国统一、权威的长期护理需求认定和等级评定标准，加上老龄化和高龄化压力很大，地方政府在认定受益资格方面较为保守。南通将养老院纳入基本照护保险定点的起步较晚，截至 2017 年 6 月基本照护保险受益人中接受养老院照护的占比不足 3%。

---

① "五化同频：照护保险精准管理服务提升群众满意度"，《南通日报》2017 年 12 月 27 日，第 A3 版。

② "截至上半年南通已有 3568 人享受基本照护保险待遇"，中国江苏网，访问时间：2017 - 8 - 4，http://jsnews.jschina.com.cn/nt/a/201707/t20170720_815508.shtml。此处数字与前文所述的 3536 人享受待遇的数据略有出入，可能是因为统计时点稍有不同。

横向相比，南通基本照护保险待遇也低于个别试点城市。例如，南通规定居家照护的补助标准为每人每天 15 元，重度失能者入住机构的床日定额为 50 元，这与青岛差距很大，后者的居家照护、医疗机构专业照护的支付标准分别为每人每天 50 元和最高 170 元。但从另一角度看，这也表示南通在继续扩大受益面和提高待遇水平方面仍有较为充裕的空间。

以上因素归集在一起，可以解释为什么试点一年半后尽管基本照护保险基金收入过亿但基金累计支出只有 865.9 万元。截至 2017 年 6 月，在全部基金支出中，机构照护支出共计 390.7 万元、占 45%，居家（含机构居家上门）照护支出共计 430.8 万元、占 50%，照护资格和需求评定费（包括专家上门评定费和定点服务机构受托评定费）44.4 万元、占 5%（见表 2）。

表 2　基本照护保险基金支出结构

单位：万元

基金支出	定点服务机构照护费	居家照护补贴	机构居家上门照护费	专家上门评定费	定点服务机构受托评定费
865.9	390.7	385	45.8	41.7	2.7

资料来源：南通市人力资源和社会保障局提供。

四　南通市基本照护保险的政策动态与经验借鉴

自 2015 年 10 月南通市政府印发《关于建立基本照护保险制度的意见（试行）》并于 2016 年 1 月 1 日启动基本照护保险制度以来，南通相关部门在实施细则、服务机构管理、服务标准化、居家上门服务规范等上相继发文，逐渐形成了具有代表性的长期护理保险"南通模式"。

（一）政策动态

自 2015 年 10 月南通市政府颁布《关于建立基本照护保险制度的意见（实行）》之后，南通市人力资源和社会保障局、南通市医保中心先后发布文件以落实基本照护保险制度。2017 年，在制度框架基本定型的基础上，南通市基本照护保险政策逐步走向细化，尤其是在居家照护服务上的推进力度很大。

表 3　南通基本照护保险制度相关文件及其发布时间

文件名	发布时间
《关于建立基本照护保险制度的意见（试行）》	2015 年 10 月 16 日
《南通市基本照护保险实施细则（试行）》	2015 年 12 月 17 日
《建立南通市基本照护保险联席会议制度》	2015 年 12 月 18 日
《明确南通市基本照护保险受理窗口工作人员职责》	2016 年 5 月 4 日
《南通市基本照护保险协议服务机构受托评定业务工作规范（试行）》	2016 年 5 月 24 日
《南通市基本照护保险居家照护重度失能人员评定工作规范（试行）》	2016 年 5 月 28 日
《南通市基本照护保险档案管理办法》	2016 年 8 月 8 日
《南通市区基本照护保险定点照护服务机构协议管理试行办法》	2016 年 8 月 11 日
《确定南通市市区定点照护服务机构》	2016 年 8 月 23 日
《南通市基本照护保险居家上门照护服务意见（试行）》	2016 年 8 月 29 日
《确定南通市市区定点照护服务机构》	2016 年 10 月 31 日
《南通市基本照护保险实施细则》	2016 年 12 月 29 日
《医疗保险和照护保险照护服务标准化管理》	2017 年 1 月 9 日
《新增南通市市区基本照护保险协议管理定点照护服务机构》	2017 年 1 月 13 日
《完善居家上门照护服务套餐的通知》	2017 年 6 月 2 日
《南通市基本照护保险失能评定专家评定费支付管理办法》	2017 年 6 月 28 日
《关于试行将居家照护服务企业纳入市区基本照护保险协议管理的通知》	2017 年 6 月 30 日
《南通市基本照护保险居家业务工作规范》	2017 年 8 月 1 日

续表

文件名	发布时间
《南通市照护保险定点照护服务机构考核暂行办法》	2017 年 9 月 26 日
《南通市基本照护保险居家上门照护服务意见》	2017 年 9 月 27 日
《新增南通市市区基本照护保险协议管理定点居家照护服务企业》	2017 年 10 月 20 日
《完善居家上门照护服务分单派工流程》	2017 年 11 月 30 日
《关于开展基本照护保险辅助器具服务的意见（试行）》	2017 年 12 月 1 日
《关于鼓励义工参与基本照护保险服务的意见（试行）》	2017 年 12 月 1 日

资料来源：《率先示范：照护保险'南通模式'广受关注影响深远》，《南通日报》2017 年 12 月 26 日，第 A03 版，http://epaper.ntrb.com.cn/new/ntrb/html/2017 - 12/26/content_81764.htm；并根据南通市人力资源和社会保障局官网的"政策法规"，作者增补整理，http://www.jsnt.lss.gov.cn/ecdomain/framework/ntrsw/index.jsp。

在推动居家照护服务体系上，南通的主要举措如下。①2017 年 6 月 30 日，南通人社局发布《关于试行将居家照护服务企业纳入市区基本照护保险协议管理的通知》，在《南通市区基本照护保险定点照护服务机构协议管理试行办法》基础上，对服务机构类型做了扩宽，即在原有的养老机构、护理院、医院及社区卫生服务中心等定点照护服务机构之外，增加服务机构类型，将符合条件的企业纳入居家上门服务。此举旨在解决居家上门服务供给不足的问题，效果明显，政策实施后仅半年，居家上门服务人员已由不足百人大幅增至过千，有效地保证了居家上门照护服务的供给。②2017 年 9 月 27 日，南通人社局发布《南通市基本照护保险居家上门照护服务意见》规定，经评估符合条件的失能者可向照护中心提出申请，并由照护中心联系适当的服务公司，与家属共同协商照护计划，选定居家上门服务套餐。照护中心对服务机构实行按月预结、年终考核，通过诚信保证金约束服务行为以保证服务质量。③为扩大居家照护服务范围，2017 年 12 月 1 日，南通人社局发布《关于开展基本照护保险辅助器具服务的意见（试行）》规定，针对居家失能人员对辅助器具的依赖，通过租赁或购买形式提供辅助器具服务。待遇实行日限额，重度和中度失能人员的限额分别为每天 20 元和 17 元，限额之内的费用由基金和个人按 8：2 的比例支付。支付范围包括：一是租赁费（辅助器具的购置、配送安装、使用指导、维护保养回收等服务费用），由照护保险经办机构和照护对象（监护人）按月与定点辅助器具服务公司进行结算；二是器具购买费；三是适老改造费。超出限额部分由个人照护津贴抵扣，超出津贴部分由个人自付。

（二）主要经验

南通从制度设计之处就将基本照护保险设定为社保"第六险"，路线清晰地推进，并逐步形成了具有典型性、"以居家照护服务为主，机构护理为辅，以生活照料为主，医疗护理为辅；以专业照护公司上门服务、照护津贴、辅助器具服务三位一体[①]"的长期护理保险"南通模式"。

南通将自己的基本照护保险总结了七大特征，即"七个化"——城乡一体化、筹资多样化、评定标准化、经办社会化、管理规范化、结算定额化、服务市场化[②]，其中又以制度覆盖、筹资责任、服务重点和经办服务这四个方面最具有典型性。

1. 一举实现"全覆盖"

虽然试点阶段南通只选择了三个区（崇川区、港闸区、市经济技术开发区），三区总人数约 120 万人、占南通常住人口的 16%，但试点三区内所有参保企业职工、城乡居民等都纳入基本照护保险，一步

---

① 顾忠贤：《长期照护保险试点 2 年的成效和展望》，2017 年 12 月 24 日"保险服务民生与长期护理保险制度探索"研讨会的发言。

② 《先行先试：照护保险让失能人员体面生活家庭减负》，《海晚报》2017 年 12 月 20 日第 12、13 版，http://epaper.ntrb.com.cn/new/jhwb/html/2017-12/20/node_41.htm。

到位地实现了制度全覆盖。

这一制度设计意义非凡——避免了制度运行后因群体分割带来的不公平问题。众所周知，我国养老保险制度分为城镇职工、城乡居民、机关事业单位职工等不同群体，因参保资格、缴费－待遇比等重要参数之间有显著差异，造成各个群体之间相互攀比，民众争议频仍。医疗保险也存在同样的问题，失业保险、生育保险和工伤保险因覆盖群体相对窄，但群体差别问题同样不容小觑。从 2006 年人民网在两会期间对"最关心问题"的连续调查来看，人们对不同制度下参保群体之间的待遇差别最为关注，社会已经呈现出对群体分割的"零容忍"态度。理论上讲，与其他五险相比，长期护理保险受益对象的差异性最低、保障条件的差异度最小、待遇保障的差异化最弱。例如，不同收入和缴费的人，经评估达到规定的失能标准，可得到的"保基本"的照护服务几乎没有差别；与医疗保险大量基金用于设备检查和药品支出不同，长期护理需求的评估多依据量表，几乎没有对身体状况的复杂检查，护理使用的耗材远比治疗使用的手段和药物简单得多、成本低得多。从"保基本"层面来看，长期护理保险没有必要、也不应该有群体分割。南通将城镇职工与城乡居民纳入同一个基本照护保险制度中，避免了因分别建制造成的群体分割和制度不公，这是值得肯定的做法，也是英明的决策。

2. 引入个人缴费责任

南通按照社保"第六险"的定位确定基本照护保险的筹资模式，即多方缴费和制度自平衡，其中，政府对低保对象、特困群体、重度伤残以及未成年人和在校学生提供缴费补助。南通这种财政提供缴费补贴、长期护理保险基金自我平衡的制度设计，有利于厘清财政资金与社会性基金，避免责任后置带来的"裹挟财政"的风险。

南通基本照护保险现阶段采取"个人缴费＋财政补助＋基金划

转+社会捐赠"等多种来源渠道筹资，并规定将逐渐过渡到"以个人缴费+财政补助为主"的最终筹资模式上。这是符合其"全覆盖"制度原则的最佳筹资方式，避免无雇主人员因缺乏单位缴费而被置于制度之外；同时，强调个人责任，厘清政府与社会的责任边界，是这个崭新的社会保险项目得以健康起步、良性运行的根本保证，也是对其他五险多年运行经验的汲取。

3. 向居家照护和生活照料倾斜

2015年10月发布的《关于建立基本照护保险制度的意见（试行）》规定制度宗旨是"减轻因年老、疾病、伤残等导致失能人员家庭长期照护的事务性及经济负担"。此后，南通基本照护保险围绕促进居家照护出台一系列政策，包括增加居家上门照护服务套餐、将居家照护服务企业纳入协议管理、规范居家业务工作和分单派工流程、扩展基本照护基金在辅助器具服务和适老改造方面的支出等。

按照人社部办公厅2016年6月发布的80号文，长期护理保险用以解决基本生活照料及与之密切相关的医疗护理费用，并以重度失能人员为重点。在各地实践中，首先覆盖进来的是完全失能群体，这些群体更多依赖机构照护。但从失能人员的需求来看，绝大多数人愿意留在熟悉的环境中接受服务，如家中或社区。在调研中看到，配备医护人员的居家上门服务，完全可以满足大多数重度失能人员的照护需求，同时又可为这些家庭节省大笔开支。南通以居家照护和生活照料为主，正是为了切合失能人员的这种需求，其经验可鉴。

4. 社会机构参与经办

南通照护保险服务中心是基本照护保险制度运行的连接枢纽，作为第三方联合经办机构，负责接受申请、对接服务、协助照护计划、监督服务质量等工作，起到了制度落地的核心作用。南通经办机构通过政府购买服务将具体经办业务委托给第三方机构，不仅减轻政府部门的经办压力，更重要的是发挥社会机构的管理效率。

在具体基本业务上，照护中心的主要经办内容包括组织失能评估、制定居家照护计划、对经核实的居家照护服务发放照护补助、受理异地报销申请和审核报支、对居家照护服务激进型稽核调查和考评、开发服务性软件、做好争议申诉和制度宣传等工作。2017 年 9 月 27 日，南通市人力资源和社会保障局印发的《南通市基本照护保险居家上门照护服务意见》规定，照护中心需要承担居家上门照护服务的申请受理、服务派工、咨询、投诉和回访调查。

2017 年 12 月 1 日，南通市人社局发布《关于鼓励义工参与基本照护保险服务的意见（试行）》规定，由照护中心对接服务需求并安排义工服务，进行质量管理，协调服务中的矛盾，做好积分兑现工作；同日发布的《关于开展基本照护保险辅助器具服务的意见（试行）》规定，由照护中心承办辅助器具的申请受理、适配评估、业务管理、考核评价、费用结算以及适老化改造方案、价格确认、验收等。

按照规定，照护保险基金按参保人数和待遇标准每年向照护中心拨付资金，年末若有结余须返还基金，若有赤字则由照护保险服务中心与基金共同分担。这种第三方参与经办、政府监督的管理模式，以及"运行风险共担、保险事务共办、管理费率固定、年度考核退出"的运行机制，使照护中心既有控费责任，也有监督服务责任，控费与服务监管的职责落于一身，在一定程度上削减了资金部门与服务部门之间的博弈成本。

（三）亟须解决的问题

1. 建立更加科学的需求认定和等级评定标准体系

南通的基本照护保险制度覆盖重度失能和中度失能群体，失能等级是根据 Barthel 量表由专家评定，其中，重度失能是评分低于 40 分，中度失能的评分是 40 ~ 50 分。按照国际惯例，中度失能的评分一般为 40 ~ 70 分，但考虑到制度刚起步且需求等级评定标准未统一，不宜一步到位地覆盖所有中度失能人员，因此将中度失能的评分先定为 40 ~ 50 分。

与其他试点城市一样，南通也面临照护需求认定和等级评定体系不统一的问题。目前，南通基本照护保险受益面还较有限，与制度设计时的预想还有一定差距，制度运行还有进一步完善的时间窗口。但随着基本照护保险实施效果广为人知，将会有越来越多的人申请照护保险待遇，下一步随着制度覆盖面向全市扩展，申请人还将继续扩大。如何合理评估、有效筛选，将是经办机构面临的最大挑战。

在全国统一的评估标准体系出台之前，或者说，即使全国统一标准的出台也同样面临具体实施的"尺度"，南通市应根据当地实际情况，尤其是高龄化问题突出的现状，对未来支出规模做出严谨预判，在此基础上，细化失能鉴定和需求等级评估标准，以确保基本照护保险待遇落于最有需要的参保人。

2. 合理推出基本照护服务标准体系

南通基本照护服务体系最大特色是以居家上门服务为主，这同时也是监管部门最大的难点。如何有效监督居家上门服务？除了已经开发的 App 软件的评价功能，更重要还是建立服务标准体系。长期护理提供的日常生活照料和与之相关的基本医疗护理，个体差异化问题非常突出。例如，同一个服务动作，对于不同身体状况和生活习惯的失能人员来说，感受到的满意度会很不一样；再例如，即使服务内容相同、满意度差别不大，各个服务提供商的用人和服务成本相差也很大。这就给基金支付有效性和费用控制带来不小的挑战。南通基本照护保险在推行居家上门照护服务时，就遇到了因服务标准不统一造成支付标准难确定的问题。

　　这个问题很难有唯一的答案。失能老年人对生活照料和基本医疗护理的需求差异大是客观事实，也是合理现象，因此，过度强调服务标准化可能会适得其反，降低了失能人员差异化需求的满意度。为了解决这一矛盾，南通将设计一个多层级的居家上门照护服务体系：第一层级是提供共性化的照护服务，由照护保险基金全额支付；第二层级是在共性化服务上加入个性化服务内容，由个人和照护保险基金按照10%和90%分担；第三层级主要是提供个性化照护服务，相应提高个人自付比例。

上海：建成较为完善的长期护理需求评估和服务标准体系

一 基本背景

2016 年，上海市实现全市生产总值（GDP）27466.15 亿元，按常住人口计算的人均生产总值已经达到 11.36 万元，约为 16960 美元。根据经济学观点，当人均 GDP 为 2000 美元时，人们更多关注的是就业和经济增长，而当人均 GDP 超过 1 万美元以后，社会的服务性需求上升，收入分配、福利等问题受到更多关注。[①] 随着上海经济实力的提升和市民生活的日渐殷实，老年人长期护理问题也就自然成为上海市重点关注的问题。而较高的经济发展水平伴随着较强的财政实力和社会保障筹资能力、比较成熟的服务产业、比较发达的金融市场及其监管体系、先进的信息网络技术等，可以为上海市解决长期护理问题提供资金、服务、技术等方面的支持。

上海市老年人长期护理问题与其人口老龄化状况紧密相关。上海

---

① 彭佳平：《上海市老年护理供需现状及对策研究》，复旦大学，2011。

市先于全国 10~15 年进入老龄化社会，其人口老龄化具有以下四个突出特征。

（一）老龄化与高龄化并存

在持续下降的生育率和平均期望寿命延长的共同作用下，上海市老龄化速度远快于其他地区。老年人口数量和比例呈现持续上涨趋势，人口预期寿命遥遥领先于全国平均水平。截至 2016 年，上海市户籍总人口为 1449.98 万。其中，60 岁及以上老年人口 457.79 万，较 2015 年增加 21.84 万人，占比高达 31.6%，老龄化程度居全国城市之首。65 岁及以上人口为 299.03 万人，比重与 2015 年相比提高了 5.5%，占总人口的 20.6%。80 岁及以上高龄人口占总人口的 5.5%，占 60 岁及以上人口的比例为 17.4%，人数达 79.66 万人。同时，2016 年上海市人口预期寿命为 83.18 岁，远高于同一时期我国居民人均预期寿命的 76.5 岁，也超过了 2016 年全球平均预期寿命最高的瑞士（82.3 岁）（见表 1）。[①]

表 1　2010~2016 年上海市人口预期寿命变化情况

单位：岁

年份	其中		
	预期寿命	男性	女性
2010	82.13	79.82	84.44
2011	82.51	80.23	84.80
2012	82.41	80.18	84.67
2013	82.47	80.19	84.79
2014	82.29	80.04	84.59

---

① 数据来源：世界卫生组织公布的 2016 年各国（地区）平均预期寿命排行榜。

年份	其中		
	预期寿命	男性	女性
2015	82.75	80.47	85.09
2016	83.18	80.83	85.61

数据来源：2016 年上海市老年人口和老龄事业监测统计信息。

（二） 家庭保障功能快速弱化

由于计划生育政策的实施，家庭人口数量减少，家庭结构趋于小型化，呈现"四·二·一"的倒金字塔结构。2015 年末，上海市户均人口数仅为 2.69 人，这意味着三人户或两人户的家庭规模已经成为上海市家庭户的主体。而近年来，上海市老年人口抚养系数更是屡创新高。2014 ~ 2016 年，上海市 60 岁及以上老年人口的抚养系数从 46.6% 上升至 54.1%，65 岁及以上老年人口的抚养系数至 2016 年达到 29.7%。以 60 岁及以上的老龄人口数为计算口径，上海市总抚养系数 3 年间增长了近 10%，至 2016 年该比例已超过 70% 高达 71.3%。这意味着家庭抚养负担仍在不断加重，每 1.4 个 15 ~ 59 岁劳动力要负担 1 个 60 岁及以上或 0 ~ 14 岁人口。若以 65 岁及以上的老龄人口数加以计算，2016 年上海市总抚养系数为 44.2%，同样居高不下（见表 2）。在这样的情况下，处于"三明治夹心层"的中青年夫妇就负有巨大的社会压力和家庭压力。当父母的健康状况每况愈下的时候，分身乏术，与之形成鲜明对比的是老年人的长期护理需求日趋迫切。一方面，家庭护理的人力资源迅速减少，对老人的护理功能削弱；另一方面，日趋增高的家庭负担系数导致子女对于养老问题力不从心。[①]

---

① 钟仁耀：《上海老年长期照护服务供需矛盾分析》，《上海金融学院学报》2011 年第 5 期，第 5 ~ 12 页。

中青年群体难以在物质、精神、时间上过多顾及父母，家庭非正式照料功能不断削弱与老年群体日益增长的护理需求形成鲜明对比，老年社会照护服务事业面临严峻挑战。

表2　2014～2016年上海市老年人口抚养系数比

单位：%

抚养系数	2016 年	2015 年	2014 年
少儿抚养系数（0～14 岁）	17.2	16	15.2
老年抚养系数（60 岁及以上）	54.1	50.2	46.6
总抚养系数（0～14，60 岁及以上）	71.3	66.2	61.8
少儿抚养系数（0～14 岁）	14.5	13.6	13.1
老年抚养系数（65 岁及以上）	29.7	27.8	26.1
总抚养系数（0～14，65 岁及以上）	44.2	41.4	39.2

数据来源：2016 年上海市老年人口和老龄事业监测统计信息。

（三）独居老人、纯老家庭数量增加

独居老人、纯老家庭等特殊群体数量的迅速增长使社会养老任务更重。2014 年，上海市独居老人数量为 24.63 万人；至 2016 年上升到 28.33 万人，仅 3 年增长了 3.7 万人。与此同时，上海人口老龄化正处于"白热化"状态，步入老年阶段的群体日益庞大，其中 80% 以上为独生子女父母。随着独生子女父母成为老年人群主体以及生育率日益下降，纯老家庭①现象会如"滚雪球"一般愈演愈烈。2016 年末，上海市 80 岁及以上纯老家庭老年人数为 31.11 万人，较 2014 年末的 27.48 万人增加了 3.63 万人；纯老家庭老年人总数为 116.03 万人，较 2014 年增长了 20.11%，年均增长 6.48 万

---

① 纯老家庭是指家庭全部人口的年龄都在 60 岁及以上的家庭，包括独居老人家庭、夫妇都在 60 岁及以上的老年人家庭、与父母或其他老年亲属同住的老年家庭。

人（见图1）。越来越多的独居老人和双老人家庭护理需求无法得到满足，照护未满足率越来越高，老年人的照护问题就从家庭内部走到了家庭之外。

图1　2014~2016年上海市80岁及以上纯老家庭和独居老人变化趋势

数据来源：2016年上海市老年人口和老龄事业监测统计信息。

（四）　疾病使越来越多的老年人自理能力快速下降

伴随着年龄的增长，老年人身体素质降低，患病概率加大，身体机能和自理能力必然退化。2016年上海市男性、女性人口预期寿命分别为80.83岁、85.61岁，总人口预期寿命连年攀升至83.18岁。循环系统疾病、肿瘤和呼吸系统疾病是老年人死亡比例最高的三种疾病，均为慢性病，各自占比为42.7%、28.7%和9.6%。慢性病最大的特点在于慢性形成、不可治愈，且自患病日起需长久防治。而老年人慢性病患病率较其他年龄段人口甚高，患病过程中医疗费用支出不断增加，因病而致的自理能力下降甚至丧失自理能力的情况也随处可见。由此患慢性病的失能、半失能老年人数规模巨大，老年人的医疗卫生服务和长期护理服务需求进一步扩张。

二 实践探索历程

快速的人口老龄化、高龄化伴随着失能失智老年人口的不断增长，使得上海市缺乏生活自理能力的老年人越来越多，带来的最突出问题就是老年人的护理问题。而老年人在中风偏瘫、阿尔兹海默症（老年性痴呆）等老龄疾病上的发病率不断呈现上涨趋势，使得这个问题进一步恶化。能否妥善解决因老年人口增多带来的养老供给问题、保障失能人员基本生活权益、较大程度减轻家庭护理负担是对目前不断完善的社会保障制度能力的一个考量。

鉴于此，上海市很早就关注老年人长期护理问题，将老年服务保障提上了议事日程。2008 年，上海市民政局曾组织相关专业人员赴荷兰考察，其间与荷兰鹿特丹社会事务和就业局开展了沟通洽谈，学习借鉴了荷兰有关养老服务方面的经验并就长期护理保险等专题形成了良好的交流机制。2009 年，上海市社保局、发改委等部门协同研讨在上海建立长期护理保险制度。2013 年，上海推出高龄老人居家医疗护理，在基本医保范围内、使用医疗保险基金支持高龄老人居家医疗护理。高龄老人居家医疗护理虽然不等同于长期护理保险，但解决了长期护理保险的短板——居家护理服务。而在此之前，上海的护理病床曾经都纳入基本医疗保险，也促进了机构护理的发展。

2015 年，上海市为建立长期护理保险制度做了更充分的准备，尤其需要强调的是以下两个方面：一是推行了统一的评估体系，将民政系统的高龄老人居家养老补贴、卫计委的评估、护理院的入院标准相统一，实现了一张表、一支笔、一个卡片完成相关评估工作；二是重视专业人才队伍建设，明确护理人员的发展规划，重视护理人员的专项能力建设。2016 年，上海市根据国家指导意见推出了长期护理保险试点方案，并先后印发了长期护理保险的试行细则、评估机制、居家和机构护理服务规程与护理服务机构管理办法等一系列配套政策。

2017 年 1 月，上海市长期护理保险试点正式启动。按照规划，长期护理保险先在普陀、金山、徐汇三个地区试点；而后基于试点工作进行整体评估、效果评价和经验总结，择机将长护工作推广到全市范围。在试点的同时，上海市仍然在继续推进制度建设，例如，2017 年 1 月 24 日，上海市印发《长期护理保险结算办法（试行）》，对住院医疗护理费用的结算做出了明确规定。

三 制度基本内容

上海市十分重视长期护理保险试点工作的推行开展，发文数量较多，配套政策和措施比较完善。2016 年 12 月，上海市出台的《上海市长期护理保险试点办法》[①]，明确规定了长期护理保险的参保对象、资金筹集、服务形式、待遇标准与补贴政策。2018 年 1 月，上海市基于长期护理保险试点实际情况和居民现实需求对该试点办法做了修订完善。[②]

[①] 上海市人民政府：《上海市人民政府关于印发〈上海市长期护理保险试点办法〉的通知》，最后访问时间 2017 - 9 - 22，http://www.shanghai.gov.cn/nw2/nw2314/nw2319/nw12344/u26aw51124.html。

[②] 上海市人民政府：《上海市人民政府关于印发修订后的〈上海市长期护理保险试点办法〉的通知》，最后访问时间 2018 - 3 - 22，http://www.shanghai.gov.cn/nw2/nw2314/nw2319/nw12344/u26aw54809.html。

（一）参保对象

上海市长期护理保险适用对象主要分为两类人群：第一类是参加本市职工基本医疗保险（简称"职工医保"）的人员；第二类是参加本市城乡居民基本医疗保险（简称"居民医保"）的 60 周岁及以上的人员。可以看出，上海市长期护理保险不同于其他试点地区适用于所有城镇职工和城乡居民，其仅适用于城镇职工和 60 岁及以上的城乡居民，覆盖了目前主要的社保人群。

（二）资金筹集

上海市长期护理保险资金筹集，根据基金收支原则结合上海经济发展和基金运行情况合理确定并及时调整。在先行试点的一年期间，暂将城镇职工医疗保险基金中单位缴费的 1% 划转入长期护理保险账户作为启动资金，以临时支付长期护理保险的合规费用；若有资金不足的情况，根据规定另申请审批划转。至 2018 年 1 月，上海市长期护理保险试点期满一年，制度运行平稳，筹资机制有所调整。此时筹资水平按照参保人员类别不同稍有区别，但长期护理保险基金筹资均是从各自医疗保险统筹基金中按季调剂使用。即对于第一类人员城镇职工医疗保险参保人员，资金划转比例为用人单位缴纳职工医保缴费基数的 1%；对于第二类 60 周岁及以上的城乡居民参保人员而言，根据参保人数且人均筹资水平略低于第一类人员的标准由城乡居民医疗保险统筹账户中调剂使用。基金归入社会保障基金财政专户，严格按照第一类、第二类参保人员类别在市医保中心开设医疗保障专项资金子账户分账核算。分账资金不足时，向政府部门申请批准后可由财政部门予以补贴。

（三） 服务形式

根据制度设计，上海市针对失能老人特征和需求提供了三种服务形式。一是社区居家照护。居家参保人员在家接受定点照护机构（老年照护机构、门诊部、护理院等）上门照护服务或社区提供的满足其基本生活和医疗护理需求的上门服务。二是养老机构照护，根据参保人员意愿安排其入住养老机构并为其提供基本生活照料服务和医疗护理。三是住院医疗护理，即参保人员入住定点医疗机构接受照护服务。需要住院医疗护理的参保人员大多为长期患有各种慢性重病、失能情况严重或常年卧床需要专业护理的老年人，提供住院医疗护理的机构一般为基层医疗卫生机构或部分二级医疗机构。

（四） 待遇标准与补贴政策

上海市按照三种不同的长期护理保险服务形式分别制定了不同的待遇标准（见表3）。

表3　上海市长期护理保险待遇标准

服务形式	主要待遇
社区居家照护	试点阶段服务给付标准： 评估等级二级、三级，服务时间≤3 小时/周； 评估等级四级，服务时间≤ 5 小时/周； 评估等级五级、六级的，服务时间≤7 小时/周 评估有效期内接受照护的服务费用，90% 由长期护理保险基金支付，其余10% 由个人自负
养老机构照护	享受养老机构照护参保人员评估等级需为二至六级，机构照护期间费用报销取决于入住天数。其中，基金支付和个人自负比例分别为85%、15%
住院医疗护理	住院医疗护理发生的合规费用根据现行基本医保制度实施： 第一类参保人员按城镇职工医疗保险规定执行； 第二类参保人员按城乡居民医疗保险规定执行

资料来源：根据文件《上海市长期护理保险试点办法》内容整理。

上海市长期护理保险的服务项目包括 27 项基本生活照料和 15 项临床护理。基本生活照料主要有协助进食/水、洗浴、头面部清洁梳理等，常用临床护理则包括鼻饲、导尿（女性）等。评估收费标准为每人次 240 元，首次财政补贴 180 元，个人自付 60 元。上海市对符合长期护理保险参保条件，具有本市户籍、经济困难的老年人，给予相应补贴。一是低保家庭老年人，根据其照护等级每月给予 250 元（二级、三级）、375 元（四级）、500 元（五级、六级）的特定项目服务补贴；低保家庭老年人还享有接受长期护理待遇个人自负部分的全额补贴。二是低收入家庭老年人，按低保家庭老年人标准的 50% 给予补贴。三是失独家庭老人，失独家庭个人自付部分全部减免。

四 上海市长期护理保险制度的主要特色

上海市在老年护理服务领域开展了长期探索，尤其是在老年照护需求评估、居家医疗护理和护理服务队伍建设等方面积累了较为丰富的经验，其长期护理保险制度也颇具特色。

（一）将其定位为鼓励居家养老的独立险种

根据国家指导意见，2016 年上海市建立长期护理保险制度时将其定位为独立险。制度运行中遵循"以收定支、收支平衡、略有结余"的原则并根据实际可操作性调整。其考虑资金筹集在降低医疗保险费比例一个百分点的前提下进行，并对长期护理保险基金筹集中单位缴费和个人缴费比例做出了明确规定。同时，上海市财政还会为长期护理保险制度提供补贴。

鉴于社会化服务能力有限和制度的可持续发展，上海市提倡并支持发展居家养老。其长期护理保险在制度设计上充分考虑居家护理，积极推进居家养老服务。一方面，社区居家照护支付标准和支付比例均高于养老机构照护。社区居家照护的服务费用长期护理保险基金和个人分别承担90%和10%；养老机构照护的服务费用由长期护理保险基金支付85%，个人自付15%。另一方面，上海市引入了现金补助和服务给付形式。评估等级为五级或六级的参保人员，可根据服务情况自主选择。若连续接受居家照护时间不低于一个月且在6个月（含）以下的，每月可延长服务时间1小时或增加40元现金补助；若连续接受居家照护超过6个月，则每月可延长2小时的服务时间，或者选择80元现金补助。

（二）制定了规范、统一的需求评估流程

为优化长期护理服务，上海市制定了比较完善、统一的长期护理服务需求评估流程。居民如果想享受长期护理保险的服务和待遇，需要先向街道或通过网络提出申请，接受统一评估。该评估由医疗保险机构经办，根据卫计委开发的专门量表中特定的算法由第三方组织具体实施。评估的结果将被交给一个专门的市级平台，由该平台进行老年人基本条件、经济条件的比对，然后再将结果交给区平台复核。复核通过后，再进行公示、轮候、分派。

特别需要强调的是，上海市大力培育社会化评估机构，推动评估体系职业化、专业化。社会机构能做到量表完善，独立完成评估。照护等级评估机构是5A等级社会组织，是最高等级的民办非企业单位，完全以第三方评估形式参与试点。这些评估机构在评估过程中十分注意以下三点：一是注重数量和质量并举，客观、公正、科学；二是注重评估过程审核，严把实务操作；三是注重评估的质量控制，向精细化发展。申请人若对评估结果有异议可申请复核评估，复核评估之后仍有异议，则可申请终核评估。评估结果为七个级别，即正常、照护一级到照护六级；评估依据是《上海市老年照护统一需求评估标准（试行）》确定的分级规则，通过长期护理保险信息系统的评估计分软件对评估调查记录给予综合计分评级，主要由自理能力和疾病轻重两个维度的分值决定（见表4）。

表4　分级维度

维度	分类	主要内容
自理能力	日常生活活动能力（85%）	13项：大便是否失禁、小便是否失禁、洗脸/洗手、梳头/化妆、使用厕所、进食、坐立位起身、坐凳椅、平地步行（移动）、穿/脱上衣、穿/脱裤子、上下楼、洗浴
	工具性日常生活活动能力（10%）	2项：搭乘公共交通、现金和银行账户的管理
	认知能力（5%）	4项：时间定向、空间定向、瞬间记忆、短期记忆
疾病轻重	每种疾病4个分项：局部症状（30%）体征（30%）辅助检查（30%）并发症（10%）	10种疾病：慢性阻塞性肺疾病、慢性肺炎、帕金森病、糖尿病、脑出血、高血压、晚期肿瘤、冠状动脉粥样硬化性心脏病、脑梗死、下肢骨折

疾病维度≤30，根据自理能力维度得分值从低到高划分为：正常到照护五级；

30＜疾病维度≤70，从低到高划分为：正常到照护六级；

疾病维度＞70，建议二级及以上医疗机构就诊

资料来源：上海市人力资源和社会保障局。

（三）初步建立了多层次的长期护理服务体系

上海市探索建立了多层次的长期护理服务体系。护理服务形式方面，主要包括上门护理、社区日间集中照护、养老机构照护和住院医疗护理，实现了从居家到社区、养老机构、护理院等全过程的护理服务；服务项目上，上海市分别将头面部清洁梳理等27项基本生活照料和鼻饲、导尿（女性）等15项临床护理列入长期护理保险支付范

围。从服务供给主体来看，充分调动民政、卫生两大服务资源，覆盖了医疗、养老和社区养老等服务机构；推动发展社会保险与商业保险相结合的模式，通过政策引导、财政补贴、基金支付等方式鼓励社会救助、商业保险、慈善事业等参与服务。这种护理保险体系，从护理服务形式到护理服务项目和服务供给主体种类都较丰富，对解决老年人多样化的护理需求具有较强针对性。

（四） 建立了比较完善的长期护理保险信息系统

上海市注重长期护理保险管理系统发展，建立了涵盖长期护理保险参保、等级评估、待遇申请、经办服务、监管结算等全流程的信息化系统。首先，医疗保险部门的长期护理保险系统与民政系统通过半自动实现数据互通。先由医疗保险部门负责失能评估，民政系统根据评估结果做出服务派送决定；再由长期护理保险系统拟定护理计划，进行监管和结算。其次，民政部门建立专门的信息系统。负责公开政策、政策咨询、基本信息审核、服务派送、网上公示，并通过短信平台将申请过程的审核信息发送给老年人。在民政部门的信息系统中，人们可以查到具体街道信息和护理机构的地址、联系电话、床位情况和轮候时间等。民政部门还通过短信平台将申请过程的关键信息发送给老年人，包括是否通过、轮候次序、谁做出的评估、何时评估、老年人被分派到哪一家养老机构等。老年人也可以通过民政信息系统查询评估结果。最后，新建与长期护理保险管理机构、经办机构、评估机构和照护服务机构等相关行业管理部门信息连接互通、共享系统。以深化服务内涵，严格评估程序和管控工作，提升长期护理保险服务的整体运行效率。以社区居家照护子系统为例，依赖移动网络和智能终端高效完成服务派送、时间监控、效果评价和风险预警工作。此外，长期护理保险的申请者除了当面申请外，还可以通过远程电话、网络、App 等方式提交申请。

（五） 强调服务质量监督与风险控制

为了提升长期护理的服务质量，上海市建立了严格的护理服务机构准入制度。各类服务组织须具备法人资质，按照有关程序提出申请，经有关部门评估合格后才能成为定点护理机构。同时，上海市重视护理人员的专项能力建设。上海市社会保障部门与卫计委、民政部门一起，将医疗护理、养老护理从业人员开发成一个新的职业，纳入国家职业资质，并建立健全了培育机制和考核机制。积极综合人社等有关部门在职业培训和就业促进等方面的政策优势，出台各项举措加大专业化培训力度，推动护理人员队伍的技能结构优化。此外，还开发了护理从业人员综合保险，为从业人员解决意外、健康风险问题，以为护理专业队伍建设保驾护航充分调动长期护理保险发展。

为了加强风险控制，上海市打造了统一的信息化监管体系。它由以下三个方面构成。第一是对评估服务的监管，通过现场抽查和数据监控监督申请人的资格和评审记录。现场抽查主要针对个人评审结果和集体评审结果不一致的情况。数据监控的内容是评估机构的服务人次、服务量，重点监督绿色通道病种与大数据死亡率匹配情况、服务地点互斥等。第二是对照护服务监管。先进行数据疑点追踪，目前共列了 14 个疑点，如服务人员、服务项目和地点有没有互斥，服务对象频繁变更服务方式是否有疑点等。一旦确定疑点，再进行现场抽查核查。第三是对支付结算的监管。除了市级监督机构外，每个区都设有专门的监督科。这些监管机构主要依靠大数据、互联网，对疑点数据进行筛查，定期组织抽查活动，并且有巡检队伍不定时地进行"飞行检查"。

五 上海市长期护理保险制度面临的主要问题

（一）保障范围还需要进一步调整

一般来说，如果参保人有长期护理需求，而且已经达到了相应护理标准，可以成为长期护理保险制度的保障对象。然而，如果有关失能标准的规定太过于宽松，长期护理保险制度未来的开支压力会被加大；如果有关失能标准的规定太过于严苛，一些迫切需要从中获得帮助的人就可能被排除在外。可能是考虑到人口年龄结构、所能提供的财力支持等因素，上海市将长期护理保险制度的保障对象聚焦于失能老人，享受待遇的基本条件是：60 岁以上（含 60 岁）、评估失能程度达到二至六级。尽管这种保障范围看上去要比其他试点城市的保障范围宽一些，但围绕年龄规定的争议仍然存在。在很多情况下，生活不能自理的群体不仅是失能或半失能的老人，还有很多年轻人也面临生活不能自理的状况，这些人也应当属于长期护理的范畴。[1] 因此，仅仅将 60 岁以上（含 60 岁）的人置于保障范围之内，可能会与"权利义务对等原则"不一致，从而对制度的公平性和有效性产生损害。

此外，上海市长期护理保险政策中目前还缺乏专门条款以覆盖为失智老人提供的长期护理服务，而上海市有关长期护理服务机构所提供的针对失智老人的照护也十分少。但是，上海市患有精神、智力、多重疾病的老年人数量这些年来在不断增加。2016 年，上海市患有智力疾病的有 56376 人，精神疾病患者有 49012 人，多重疾病患者有

---

[1]　王巧芸：《我国长期护理保险：实践、反思与对策》，《唯实：现代管理》2017 年第 7 期，第 22 ~ 25 页。

8898 人（见图 2）。失智老人被歧视性拒收的现象时常发生，主要原因在于失智老人治愈可能性低，床位周转率低，特别是走失风险较大。[1] 目前，上海市服务于失智老人的床位很少，而且仅存在于社区和养老机构中，卫生服务机构没有专门的床位。这严重影响了为失智老人提供长期护理服务。

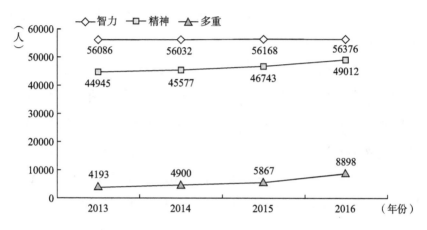

图 2　2013～2016 年上海市残疾人各残疾类别人数情况

资料来源：上海市残疾人联合会。

（二）财务可持续性还存在隐患

虽然是被当作"独立险"，但上海市长期护理保险制度的筹资机制实际上缺乏独立性。第一，这一制度目前严重依赖于基本医疗保险制度。在试点期间，上海市已经从医疗保险基金中划拨了部分资金作为长期护理保险的启动资金；直到现在，长期护理保险制度仍然在从医疗保险统筹基金中划拨资金，没有建立真正独立的筹资机制。虽然有理由支持从医疗保险基金中划拨资金作为长期护理保险制度建设的

---

① 方文俊：《老龄化背景下上海市失智老人机构养老现状及困境研究》，《企业导报》2015 年第 24 期。

初期资金来源，但是，如果长期护理保险制度一直依赖于医疗保险基金，将可能影响医疗保险制度的财务稳健性，也可能不利于长期护理保险制度的健康发展。第二，上海市长期护理保险制度严重依赖于政府财政的支持。首先，在筹资方案中，试点期间筹资总额的85%由市区两级政府财政按比例拨款，城乡居民参保人员个人缴费仅仅占筹资总额的15%；其次，上海市财政为低保户、低收入家庭和失独家庭提供了较多的补贴，以解决这些社会弱势群体参保问题；最后，政府财政还要承担相关医护人员培训费的85%，如果企业培训人数过多，政府财政不仅会负担全部培训费用，还要报销特定范围内的医用耗材。从长期来看，未来的长期护理保险开支将会快速增长，必将对政府财政开支造成越来越大的压力。考虑到上海市长期护理保险制度覆盖人群比较广，服务项目比较多，给付范围比较广，给付标准也比较高，该制度将来出现比较严重的财务问题的可能性也就比较大。

（三） 服务形式与服务项目设计还存在一些问题

无论是服务形式还是服务项目安排，服务与需求脱节现象都依然存在。从服务形式来看，老年人大多希望居家获得养老服务，而上海市的政策重点突出了老年人在机构获得养老服务。老年人尤其是高龄老人往往有较高的居家意愿，希望住在自己家里，由服务人员上门提供做家务、看病、餐饮等服务。但是，上海市的长期护理保险制度暂不支持护理机构或养老机构提供上门服务，仅有长者照护之家可以提供。长者照护之家的每一位工作人员每天最多服务10个人，每次上门服务时间只有一个小时，不可能满足失能人员各类家政服务需求，更不可能满足其连续性服务需求。

从服务项目来看，上海市长期护理保险制度重视护理服务，但有些忽视医疗服务。随着年龄的增长，人体机能会逐步退化，因而患慢性疾病的概率也会上升。据统计，年龄每增加 10 岁，慢性病患病率增加 50% 以上。① 这些慢性疾病经过恰当的治疗一般不会危及生命，但是确实造成老年人失能的重要原因。因此，提供更好的医疗服务，可以防止或减轻老年人失能状况，也会减轻长期护理保险制度的负担。但是，上海市虽然拥有比较发达的医疗服务系统，却还没有将护理服务与医疗卫生服务紧密结合起来。由于缺乏专业医疗人员等原因，上海市的护理服务机构一般只提供日间照料服务，而不能提供 15 项临床护理服务项目，特别是，难以提供医疗上门服务，如果失能老人有生活照料和医疗护理叠加的服务需求，就难以得到满足。这意味着，在将健康管理与护理服务结合起来上还有很多问题要解决。

（四）护理服务能力还存在严重不足

第一，护理机构的发展总体上看还比较滞后，无法满足实际需要。如表 5 所示，2016 年，上海市共有 702 所养老机构，仅比 2015 年增加了 3 所；一共拥有 13.18 万张床位，仅比上一年增长了 4.6%。在养老机构中，共计 244 家养老机构在内部设立了医疗机构，占养老机构总数的 34.76%；有 564 家养老机构与医疗机构签约，占养老机构总数的 80.34%。2016 年上海市共有 488 所老年人日间服务机构，比上一年增长了 10.41%；月均服务人数为 2.03 万人，比上一年增长了 35.33%。全市老年医疗机构（老年护理院、老年医院）共计 32 所，比上一年增加了 4 所；老年医疗机构的护理院床位数为 9064 张，比上一年增加了 36.40%。可以看出，上海市在养老机构数量、护理机构床位数等方面均有所增加，服务能力也处于提升之中，但是，上海 80 岁及以上的高龄老人目前已经接近 80 万人，护理服务

---

① 2003 年第三次国家卫生服务调查数据。

的实际需求十分大，供需之间的缺口在今后相当长一段时间内都会比较大。

表5　2014~2016 年上海市养老机构统计

年份	总计（所）	床位数（张）	日间服务机构		老年医疗机构		社区助老服务社		居家养老服务中心
			数量（所）	服务人数（人）	数量（所）	床位数（张）	数量（所）	服务人数	数量（所）
2016	702	13.18万	488	2.03万	32	9064	289	—	—
2015	699	12.6万	442	1.5万	28	6645	202	30.55万	163
2014	660	11.5万	381	1.4万	26	5415	224	29.54万	175

数据来源：上海市老年人口和老龄事业监测统计信息。

　　第二，专业服务人员仍然严重不足。与越来越大的护理服务需求相比，护理人员不仅总量不够，而且增长缓慢。2016 年，上海市拥有 17.82 万卫生技术人员，比 2015 年增加了 4.7%。其中，执业（助理）医师 6.55 万人，比 2015 年增加了 3.8%；注册护士 7.94 万人，比 2015 年增加了 5.3%（见表6）。这种状况难以满足老年人的照护需求。专业护理人员不仅要懂得如何照料老年人的基本生活，还要掌握一定的专业护理知识和经验技巧，包括心理疏导、精神慰藉、用药等方面。因此，专业护理人员的培养往往投入大、时间长，但是其收入和社会地位却并不高，加之工作时间长、强度大，使得专业护理人员的供给总量严重不足。以上海市徐汇区第三老年福利院为例，其所拥有的护士护工人数与服务对象人数的比例是 1：2，820 名服务对象中有 710 名住在福利院中，有 110 名住在家中，难以提供居家老年人最需要的护理照料、心理慰藉等专门服务。如果不采取强有力的措施，这个问题将在未来相当长一段时间内继续存在。

表6　2014～2016年上海市卫生技术人员统计

单位：万人

年份	2014 年	2015 年	2016 年
卫生技术员数	16.4	17.02	17.82
执业（助理）医师	6.13	6.31	6.55
注册护士	7.14	7.54	7.94

数据来源：2016 年上海市卫生计生数据。

（五）其他两个问题

1. 缺乏精细化的护理服务转换与退出机制

精细化的护理服务转换与退出机制是保障长期护理有效实施不可或缺的关键要素。为了推动长期护理保险的有效开展，上海市建立了统一的待遇服务标准和清晰的分级评估维度，但没有明确护理服务的转换与退出机制。问题在于难以评估老年人长期照护效果，无法获得长期护理保险效果的确切反馈，与之相伴的是不同照护服务模式和服务内容之间衔接更替机制的不健全，对接受服务人员的护理等级和护理项目不能及时安排服务转换和服务退出。居家照护与机构照护之间、医疗护理与生活照料之间的转换与衔接都还存在问题。如对享受高等级护理的人员由于缺乏精细的服务效果等级评估，不能及时退出服务，可能会出现"道德风险"，从而容易造成资源的挤占和浪费。[①]

2. 居家服务信息化、智能化还存在不足

随着上海市长期护理保险制度的推行，申请居家服务的业务量大幅度增加，对于居家服务的信息化、智能化程度要求提高。上海市对于实现智能化、信息化的居家护理服务的探索仍处于初级阶段，面临

[①] 安平平、陈宁、熊波：《中国长期护理保险：制度实践、经验启示与发展走向——基于青岛和南通模式的比较分析》，《中国卫生政策研究》2017 年第 8 期，第 1～6 页。

诸多问题要解决。一方面，长期护理保险服务信息系统中数据的采集、应用、整合处理尚待提高，统筹规划和整合资源的有效性需要进一步挖掘；另一方面，居家养老服务是开敞式、流动型的服务，覆盖面广，参与人群多，不仅存在老年人群庞大、需求不稳定的问题，还存在生活习惯、社交认知、文化价值观等差异明显的问题。老年人需求呈现复杂性、多样化，系统功能缺乏根据个人特质与照护需求进行智能匹配、一对一安排护理人员的人性化功能，护理服务效果往往不尽如人意。

六 完善长期护理需求评估和服务 标准体系的对策

（一） 恰当调整保障范围

如前文所述，上海市的长期护理保险制度被当作社会保险的一个子项目，因而其社会公平性应该得到更多的重视。这其中机会公平十分重要，只有给予相关社会成员加入长期护理保险的公平机会，才有助于他们公平地获得相关服务。因此，可以考虑适当调整长期护理保险制度的保障范围，特别是解除受益资格中的年龄限制。当然，也可以考虑对长期护理保险制度进行重新定位。如果将该制度定位为具有较强福利性的非社会保险项目，那么，通过财政提供更多的支持将有更充分的依据，那样的话，保障范围就应该聚焦于经济条件较差、失能程度严重的群体。

在长期护理保险试点过程中，上海市可以把解决重度失智老人护理问题作为突破口，在这方面，青岛等地已经积累了一些关经验。青岛市为了将60岁及以上重度失智老人纳入保障范围，专门出台文件设置了失智老人的准入条件，并为其规定了合理的报销范围和报销比例，根据失智老人的疾病特点和不同照护需求提供相关照护服务。在保障模式上，青岛市实行了"失智专区"管理，为失智老人提供了长期照护、日间照护和短期照护/喘息服务三种可供选择的有针对性的照护服务类型。长期照护重点在于解决需要全天候护理而家庭成员无暇顾及的失智人员的护理问题，日间照护主要解决一些家庭白天照护难的问题，短期照护/喘息服务（不超过60天）则是为了缓解家庭照护成员照护压力，为其提供休息整顿的时间。

（二）慎重选择筹资模式

上海市政策规定，在试点期间长期护理保险的资金主要来自医疗保险基金和财政，暂不执行长期护理保险制度的有关筹资标准，而且，有关第二类人员的个人缴费还没有规定具体的标准。一旦过了试点期，长期护理保险制度将作为独立险种运行，企业和参保者将为此缴费，企业负担将加重。如果政府加大财政支持力度，同时积极拓展福利彩票、社会捐助、慈善基金等各种筹资形式，将有助于解决这个问题，但却有可能削弱该制度的独立保险特性，也可能会影响受益条件等其他方面。因此，上海市需要科学分析、评估试点情况，以审慎选择筹资模式，特别是确定合理的筹资标准和筹资比例，恰当运用财政支持，科学引导社会资金参与。

（三）继续在"医养结合"上发力

对于失能者或半失能者而言，相关需求多而复杂，有时候很难区分医疗护理需求与生活照料需求，不能单纯将长期护理保险限定于生活照料或医疗护理，否则会导致失能老年人的生活照料和医疗护理需求难以得到满足。[①] 上海市需注重"医养结合"的长期护理保险体系的发展，实现生活照料与医疗护理相结合。这就要求，上海不仅要增加医养结合型护理服务机构的数量，而且要鼓励已有的老年公寓、养老院、护理院等养老服务机构、残疾人托养机构与有关医疗机构开展合作，鼓励他们与有资质的医疗机构（如社区医院等）签订合作协议，从而为失能老人提供上门医疗服务。通过"医、养"融合的方法，破解"医养分离"难题，实现"护有所保"。

（四）尽快增强护理服务能力

一是采取各种措施培育和发展专业护理服务机构。政府不仅需要进一步简政放权，鼓励民营资本进入长期护理服务市场，大力培育和发展小型化、专业化的护理服务机构，而且需要在土地划拨等政策、工商、税收等方面给予相关护理机构一定的支持或倾斜，以引导社会积极参与养老服务机构建设，逐步建成比较完善的养老服务产业体系。

二是积极培养专业护理人员。为提高居家护理服务质量，上海要完善老年护理专业人才的培育机制，注重专业护理人员的培养与招聘，建立护理人员培训制度，包括压力管理、团队工作、沟通技巧和冲突管理等方面。[②] 根据护理人员等级开展不同层次的培养，设置不同的培训年限、学习等级、学习方式，以使护理人员分工明确、各司其职，提高工作效率。采用激励机制来招聘和留住专业护理人才。根据护理人员的服务时间和质量进行奖励，提高其工资待遇或为其提供晋升机会；同时，通过政策引导、技能培训为就业困难人员解决就业

---

① 孙正成、兰虹：《"社商之争"：我国长期护理保险的供需困境与出路》，《人口与社会》2016 年第 1 期，第 83~93 页。
② 戴卫东：《OECD 国家长期护理保险制度研究》，中国社会科学出版社，2015，第 176 页。

问题并缓解护理人员需求较大的压力。鼓励大学生等专业老年社会工作者和各类志愿者队伍为老年护理提供服务。根据服务需要对志愿者进行简单培训并按计划分配志愿者义务服务的内容和时间。未经统一培训的人员可进行专业素养要求不高的服务，如：陪老人聊天解闷和文艺汇演活动等，由此可部分解决居家护理服务提供不足的问题，并降低服务成本。

（五） 其他配套措施

1. 建立科学的长期护理保险服务退出机制

需要护理往往不是不可改变的状态，而是一个过程，这一状态通过预防、治疗、康复措施和积极护理可以发生改变。如果老年人通过护理服务，生活自理状态有所改善，就应当另做处理。因此，应当定期对接受护理服务的人进行身体检查，对享受护理服务的老年人的康复状况进行检查分级；[①] 对是否消除、降低或预防了被护理者情况的恶化发表明确意见，并由护理机构做出是否继续护理、降低护理等级或停止护理服务的决定。对于经过专业评估认定失能情况有所好转、自理能力恢复的老年人合理考虑服务降低或终止服务给付，以防止由此引发的道德风险和公共资源浪费。

2. 提高居家服务的信息化、智能化程度

随着上海市申请居家服务人数的大幅增加，居家护理的信息化、智能化程度亟待提高。上海市应构建统一的居家服务体系，将老年人基础的数据库系统和养老服务子系统聚焦整合。采用多维度数据特征关联数据处理技术进行具体的控制和分析，将老年人生活和精神照料、医疗保健、文化娱乐等诸多需求与养老机构资源进行无缝对接。

---

① 戴卫东：《中国长期护理保险制度构建研究》，人民出版社，2012，第 212 页。

同时，可专门开发居家服务运营平台。为方便老年人提出自己的需求，平台服务要体现适老化，简单易学，从而便于老年人获得具体的服务项目，提高服务内容和服务形式的综合性。由于居家服务管理工作较为灵活，需要更加智能的信息化管理系统加以辅助。在不断探索和研究居家服务信息化的基础上，推动管理系统信息化、智能化、科学化发展，更大程度上提高居家服务管理水平。

成都：按年龄段区别缴费的
长期护理保险制度

一 成都市经济与人口基本情况

截至 2016 年末，成都市常住人口为 1591.8 万人，城镇化率达 70.6%，不仅显著高于四川省 49.2% 的城镇化率，也明显高于全国 57.4% 的城镇化率。其中，全市户籍人口达 1398.9 万人，城镇人口 784.6 万人，乡村人口 614.3 万人。该年底全市实现地区生产总值（GDP）12170.2 亿元，按可比价格计算，比上年增长 7.7%，与四川省的 GDP 增长率持平，但高出全国 6.7% 的增长率 1 个百分点。如果按常住人口计算，人均地区生产总值达 76960 元，增长 6.2%，略高于全国的 6.1%，但明显低于四川省的 7.0%。2016 年成都市政府一般公共预算收入为 1175.4 亿元，比上年增长 7.0%，明显低于四川省的 8.3%，但显著高于全国的 4.5%；而全年一般公共预算支出为 1597.2 亿元，增长 9.5%，略低于四川省的 9.8%，但显著高于全国的 6.4%。该年全市城镇居民人均可支配收入为 35902 元，比上年增长 8.1%，与四川省的增长率持平，高于全国的 7.8%；农村居民人均可支配收入为 18605 元，增长 9.4%，略高于四川省的 9.3%，明显高于全国的 8.2%。总体而言，成都市人口基数大，城镇化率较高，经济增长虽然好于全国平均水平，但政府的一般公共预算收入增长率却不及一般公共预算支出增长率，而且前者总量还明显低于后者，这些都限制了政府财政进一步扩大支出的能力。从城镇人均可支配收入上看，不仅增长率高于全国，而且收入水平也略高于全国（全国为 33616 元），更是远高于四川省的平均水平（28335 元），相比全国和四川省平均水平而言，说明成都市城镇居民消费能力较好[①]。

2016 年末，成都市参加城镇企业职工基本养老保险的人数为 615.13 万人，其中在职职工 447.78 万人、离退休人员 167.35 万人。全年城镇企业职工基本养老保险基金收入 513.21 亿元、基金支出 464.68 亿元、当期结余 48.53 亿元；而全市参加机关事业单位养老保险有 41.98 万人，其中在职职工 27.16 万人、离退休人员 14.82 万人。全年机关事业单位养老保险基金收入 10.59 亿元、基金支出 10.11 亿元、当期结余 0.48 亿元。全市参加城乡居民养老保险有 353.71 万人，全年城乡居民养老保险基金收入 51.22 亿元、基金支出 41.37 亿元、当期结余 9.85 亿元。粗略计算，企业退休职工每月平均养老金为 2314 元，机关事业单位离退休人员每月平均待遇水平为 3830 元，而城镇居民每月养老金只有 97 元。应该说，除了机关事业单位离退休人员晚年养老金收入可观以外（高于全市城镇居民可支配收入），城镇企业退休职工和城乡居民退休人员的养老金待遇水平都比较低，特别是后者，如果没有其他收入支持，单纯依靠养老金生活，对老年人来说可谓杯水车薪[②]。

---

① 数据来自国家、四川省和成都市的相关统计公报。

② 数据来自国家、四川省和成都市的相关统计公报。

再来看医疗保险的情况，截至 2016 年末，全市参加城镇职工基本医疗保险有 675.32 万人，其中在职职工 506.46 万人，退休人员 168.86 万人。全市城镇职工基本医疗保险基金收入 232.22 亿元，其中统筹基金收入 140.47 亿元，个人账户基金收入 91.75 亿元；基金支出 170.98 亿元，其中统筹基金支出 99.84 亿元，个人账户基金支出 71.14 亿元；当期结余 61.24 亿元，其中统筹基金当期结余 40.63 亿元，个人账户基金当期结余 20.61 亿元。全市参加城乡居民基本医疗保险有 833.75 万人，全年城乡居民基本医疗保险基金收入 48.11 亿元，基金支出 45.29 亿元、当期结余 2.82 亿元。可见，不论城镇职工基本医疗保险还是城乡居民基本医疗保险，全年收入都明显高于全年支出，因此都出现了较为可观的收支结余。因此，结余下来医疗保险资金可以做出更多统筹安排①。

通过以上分析，可以得到一个基本判断：成都市作为中国西南部的一个特大城市，人口基数大，城镇化率较高，发展水平虽然离一线城市还有一定差距，但具有明显的区位优势和长期潜力，而经济增长率高于全国平均水平正是这种优势和潜力的具体表现。但一般财政收入低于一般财政预算支出也说明，短期来看政府财政的"腾挪"空间有限，或者说对引入新的福利项目不可能采取大规模的补贴。从城镇人均可支配收入上来看，每月不到 3000 元，虽然高于全国，但也没有表现出明显的优势，因此个人向新的福利项目进行缴费的空间也相对有限，而对于老年人而言，如果只领取城乡居民养老金，那么进一步改善生活和提高福利水平也不是很现实，如果领取的是城镇企业职工养老金，那么虽然相对好一点，但额外支付能力也相对有限。比较而言，基本医疗保险基金出现了较大的收支结余，管理和利用这部分

---

① 数据来自国家、四川省和成都市的相关统计公报。

资金为政府改善民生和拓展其他福利项目提供了可能空间。

二 成都市长期护理保险制度试点背景

探索建立长期护理保险制度，是应对人口老龄化、促进社会经济发展的战略举措，是实现共享发展改革成果的重大民生工程，是健全社会保障体系的重要制度安排。建立长期护理保险，有利于保障失能人员基本生活权益，提升他们的生活质量，弘扬中国传统文化美德；有利于增进人民福祉，促进社会公平正义，维护社会稳定；有利于促进养老服务产业发展和拓展护理从业人员就业渠道。因此，人力资源和社会保障部根据党的十八届五中全会精神和"十三五"规划纲要任务部署，于2016年6月发布了《人力资源社会保障部办公厅关于开展长期护理保险制度试点的指导意见》（人社厅发〔2016〕80号），就开展长期护理保险制度试点提出指导性意见，并把15个城市纳入首批试点地区，这15个城市包括河北省承德市、吉林省长春市、黑龙江省齐齐哈尔市、上海市、江苏省南通市和苏州市、浙江省宁波市、安徽省安庆市、江西省上饶市、山东省青岛市、湖北省荆门市、广东省广州市、重庆市、四川省成都市、新疆生产建设兵团石河子市，同时把吉林和山东两省作为国家试点的重点联系省份。其中，成都市作为国家确定的长期护理保险制度试点城市，其面临的现状如下。

第一，人口老龄化严重，失能人口数量可观，潜在保障范围较大。2016年成都市全部60岁以上老年人近300万，占人口总数的21.41%，比同期全国的16.7%高出近5个百分点①，所以成都的人口

---

① 调研数据。凡是没有注明出处的数据都是在调研访谈中获得的，全文同。

老龄化水平是比较严重的。而且根据预测，这种人口老龄化情况未来将更加趋于严重。一般来说，失能人口绝对部分来自老年人，在人口基数一定的前提下，失能人口数量与人口老龄化状况呈正相关关系。要做好长期护理保险试点工作，就要做好方案设计和制定，但前提条件是了解失能人口数量、类别和分布情况。为此，成都市社保局于2016年委托10家单位（3家高校和7家保险机构），利用不同渠道和各种工具来调查和测算失能老人，特别是重度失能老人的数据。调查结果显示，成都市重度失能人口为7.55万人，相当于全部人口的0.54%，占60岁以上老年人口的2.52%。虽然比之前官方公布的人口普查数据的3.3%要低一些，但从失能人口总量来说，仍然给长期护理需求带来了巨大压力，而且不像其他消费需求具有一定的弹性，失能护理属于一种刚性需求，将为个人、家庭和政府带来沉重的经济负担。因此，短期来看，通过引入的失能护理保险一次性解决所有重度失能人群的护理需求是不太现实的，更不要说解决轻度和中度失能人员的所有需求，但毫无疑问后者也应该是社会各方应该保障的范围。

根据现实情况和慎重考虑，成都市决定把首批长期护理保险的受益群体范围进一步缩小，即目前只考虑被城镇职工基本医疗保险覆盖的675.32万人，在这一范围内重度失能人员为3.58万人。需要强调的是，这一部分重度失能人员还仅为身体上的失能，而没有把精神上重度失能人员即失智人员纳入其中。应该说，摸清这些调研数据，为长期护理保险制度安排和筹资来源以及待遇水平提供了必要的基础数据。而且，成都市政府把这次数据与其他试点城市已经取得的调研数据（例如长春、青岛和南通）进行了详细比对，各地重度失能人口比例基本上是一致的。另外，成都市社保局相关人士表示，在制定长期护理保险制度时，一个最重要的原则是财力的负担性，即要根据实际可能筹资的规模以及以后的变化来决定长期护理保险制度的具体方案。

第二，个人可支付能力有限，积极寻求其他融资渠道。一般来说，老年人主要收入来源是退休后的养老金，根据前文官方公布的数据粗略计算，成都市企业职工人员的平均养老金只有2314元，与全国平均水平基本持平，但相对目前护理市场的用工成本仍然差距较大。调查显示，成都市养老机构护工的平均工资为3200元，而如果雇佣一个保姆或上门服务的护理员，那么失能护理的成本支出还将远远高于这个水平，这无疑给重度失能人员及其家庭带来了沉重的负担。但是，正是因为相当大一部分重度失能人员的护理支出成本远远高于其全部收入，说明他们是最需要保障的人群，这是社会保障的应有之意，也是成都市建立长期护理保险的迫切性和必要性所在。而且，考虑建立长期护理保险不仅是应对失能人员的经济成本不足的问题，在当前形势下也是破解失能人员所在家庭时间成本瓶颈问题。我们知道，伴随着人口老龄化，还出现了少子化现象，一个家庭需要赡养4个老年人，不仅耗费了子女的大量精力，还可能影响到工作，甚至即使有钱也请不到护理人员。所以，这不仅是钱的问题，也是时间和精神压力的问题。

通过进一步分析发现，成都市基本医疗保险基金尚有一定的结余，可以向长期护理保险进行融资，而且这种做法不仅有助于降低长期护理保险的个人家庭和政府财政的支付压力，还有助于合理利用和配置有限的医疗资源。从成都市基本医疗保险基金支出来看，住院费用占了绝大部分，其中60岁以上老年人的支出占72%以上。其实，很多老年人住院并不是接受治疗，而是满足其长期护理需要。换句话说，这部分人群是不应该住在医院的，但是在没有其他护理供给渠道的情况下，直接入住医院进行长期护理，这就大大增加了基本医疗保险费用的开支，从而导致基金的低效使用。与此同时，医院的床位和医疗设施是一种相对稀缺的资源，老年人在医院接受护理服务还造成这些医疗资源进一步紧张，也浪费了很多医疗资源，甚至可能加剧医患矛盾。当然，根据官方统计，这几年成都建立了大量的养老院，但是入住率只有60%，同时公立养老院又需要排队，一床难求。因此，成都市建立长期护理保险是十分必要的。

第三，解决支付问题，激发潜在需求，培育养老服务市场。人口老龄化的到来，也预示着老年服务市场将迎来快速发展的机会。我们知道，老年人快速增加，潜在的护理需求就会爆发，但在现实中因为受制于支付能力的约束，这一市场很难启动，或者说，这种潜在需求转换为现实需求还有一段路要走。尽管如此，很多机构已经开始关注并进入这一市场，当然目前还只是处于大量投入阶段，长期来看如果这些资本不能从中获取必要的利润，或者满足最基本的保本要求，那么就影响到后续资金的追加投入，最终反而不利于解决老年人的潜在需求。所以，通过引入长期护理保险，解决支付瓶颈这个核心问题，才能带动老年服务市场的形成和长期向好发展。

因此，成都市建立长期护理保险有五大目标：一是应对人口老龄化；二是减轻照护负担；三是释放市场需求；四是减轻子女的长期支付负担；五是规范"医养"行为，即把医疗护理和养老照护分开来。

三 成都市长期护理保险试点实施情况

2016年6月27日，成都市被人社部确定为全国长期护理保险试点城市。作为15个试点城市之一，成都市在制定其长期护理保险方案时，总的原则是既要满足人社部的要求，又要符合国际惯例，还要适合成都市当地的实际情况。2016年4月启动筹备，2016年9月到2017年2月进行课题研究，2017年2月春节过后第一天成都市政府常务会通过试点方案，2017年7月1日正式启动试点工作，历时1年多，最后市政府出台了两个重要文件：一是《成都市长期照护保险制度试点方案》，二是《成都市长期照护保险实施细则（试行）》。目前由5家保险公司来承办长期照护保险（成都市把这一制度称为"长期照护保险"，下同）服务，实施2个月后，接受申请的人数就已高达6000多人次，评估了4000多人次，享受长期照护保险的有3200多人次。而且，截至2017年12月22日，这5家保险公司共设置了22个经办网点，配置工作人员300余名，App下载量达到1.2万余人次，系统申请达14890人，共受理12685人，审核通过12548人，评估通过9470人。其中：60岁以上占94.55%，40～60岁占4.9%，40岁以下占0.55%；年龄最大的为109岁，年龄最小的为18岁；重度一级占53.27%，重度二级的占45.83%，重度三级的占0.9%；选择亲情照护的占82.98%；选择机构照护的占17.02%。应该说，成都市长期照护保险发展得比较快。根据《成都市长期照护保险制度试点方案》，成都市长期照护保险将利用1～2年时间进行试点，积累经验，力争在"十三五"期间，基本形成适应成都市经济社会发展和人民群众需求的长期照护保险制度政策框架。

成都市长期照护保险制度是为长期失能人员享有基本生活照料和与基本生活密切相关的日常护理等服务提供保障的社会保险制度，遵循如下基本原则：一是广覆盖、保基本、多层次和可持续；二是保障水平与经济社会发展水平相适应；三是以收定支、收支平衡、略有结余。成都市人力资源社会保障行政部门负责长期照护保险政策制定并监督实施。区（市）县人力资源社会保障行政部门负责本行政区域内长期照护保险政策实施监督工作。成都市和下辖各区（市）县社保经办机构、医保经办机构和劳动能力鉴定机构依照各自职责负责具体经办管理工作，部分业务委托第三方机构经办。成都市长期照护保险实施市级统筹，统一参保范围、统一缴费标准、统一待遇水平、统一经办管理。基金纳入财政专户，实施收支两条线管理，单独建账、单独核算、专款专用，接受审计和社会监督，出现收支缺口时由成都市、区（市）县两级财政部门予以补贴。具体来说，成都市长期照护保险实施情况如下。

（一）参保对象与筹资来源

第一，参加长期照护保险的人群局限在一定范围内，大部分属于正规就业人员和一部分参加基本医疗保险的非正规就业人员。原则上，首先将城镇职工基本医疗保险参保人员纳入参保范围，逐步扩大到城乡居民基本医疗保险参保人员。因此，成都市行政区域内各类企业、民办非企业、国家机关、事业单位等城镇职工基本医疗保险单位参保人员，个体工商户、自由职业者、灵活就业人员等城镇职工基本医疗保险个体参保人员，按照住院统筹等方式参加城镇职工基本医疗保险、无个人账户的参保人员自愿参加长期照护保险都被纳入参保范围，而已经按照国家工伤保险政策享受生活护理费的工伤职工不再参加长期照护保险。

第二，长期照护保险的资金筹措渠道体现三方责任，且个人责任不能免除。根据规定，长期照护保险基金与城镇职工基本医疗保险基金合并征收，通过个人和单位缴费、财政补助，以及社会捐助等方式筹资。具体来说，按照统账结合方式参加成都市城镇职工基本医疗保险的参保人员通过划转医保统筹基金和个人账户方式筹资，已按标准划转的单位和个人不再另行缴费；按照住院统筹等方式参加成都市城镇职工基本医疗保险、无个人账户的参保人员通过划转医保统筹基金和按照对应个人账户划转标准由个人自愿缴费的方式筹资。另外，财政补助由市和区（市）县财政按比例分担。

第三，长期照护保险的筹资标准在体现政府责任的基础上，更多地取决于参保人员失能的发生概率。一般来说，年龄越高，失能的风险越高，相应的费率水平也应该越高。其一，统筹基金划转标准均为缴费基数的 0.2%，其中，对于单位参保人员，单位缴费部分以城镇职工基本医疗保险缴费基数为基数，按 0.2% 的费率从统筹基金中按月划拨；对于个体参保人员，以城镇职工基本医疗保险缴费基数为基数，按每人每月 0.2% 的费率从其缴纳的基本医疗保险基金中按月划转。其二，个人账户划转标准分为几个标准，一是未退休人员个人缴费部分以城镇职工基本医疗保险缴费基数为基数，按以下费率从个人账户中按月划拨。一是 40 岁（含）以下费率为 0.1%。二是 40 岁以上未退休人员，以城镇职工基本医疗保险缴费基数为基数，按每人每月 0.2% 的费率从个人账户中按月划转。三是达到法定退休年龄，但需继续缴纳城镇职工基本医疗保险费的参保人员，以城镇职工基本医疗保险缴费基数为基数，按每人每月 0.2% 的费率从个人账户中按月划转。其三，退休人员以城镇职工基本医疗保险个人账户划入基数为缴费基数，按每人每月 0.3% 的费率从个人账户中按月划拨。其四，财政补贴按照城镇职工基本医疗保险中退休人员参保人数进行补助，以退休人员城镇职工基本医疗保险个人账户划入基数为缴费基数，按每人每月 0.1% 的费率，按年度进行补助。所需资金由市级财政、区（市）县财政按照一定比例分担，即高新区全额承担；锦江区、青羊区、金牛区、武侯区和成华区按 3：7 分担；龙泉驿区、新都区、温江区、双流区、郫都区和成都天府新区按 5：5 承担；青白江区、都江堰市、彭州市、邛崃市、崇州市、金堂县、大邑县、新津县、浦江县和简阳市按 8：2 分担。其五，试点启动阶段，成都市政府从城镇职工基本医疗保险基金累计结余中一次性划转 5000 万元资金作为长期照护保险启动资金，用于启动阶段待遇支付、失能评定等费用支出。

（二）支付条件与待遇标准

第一，长期照护保险的待遇资格条件受制于缴费年限，但可以通过补缴的形式解决缴费年限不足的问题。根据规定，参保人员申请长期照护保险待遇时，应当连续参保缴费 2 年（含）以上并累计缴费满 15 年，享受待遇期间应当按照个人缴费标准继续缴费。长期照护保险参保缴费年限累计达到 15 年后，累计缴费时间每增加 2 年，支付标准提高 1%，且长期照护保险基金支付比例累计不超过 100%。具体来说，在 2017 年 7 月 1 日前已参加成都市城镇职工基本医疗保险，没有中断缴费（退休不缴费参保人员除外）的参保人员，2017 年 7 月 1 日后连续缴纳长期照护保险费的不受该项条件限制。参保人员欠缴长期照护保险费，3 个月（含）以内进行补足的缴费年限连续计算。对于参保人员申请待遇时未缴满 15 年的，可按照长期照护保险个人账户划转标准对应的个人缴费基数，按规定标准一次性趸缴补足缴费年限。补足后继续缴费的按规定享受长期照护保险待遇。另外，规定了视同缴费的特殊情况：2017 年 7 月 1 日前，参加成都市城镇职工基本医疗保险的实际缴费年限（含住院统筹等参保人员）；2017 年 7 月 1 日后，通过费用清偿、欠费补缴等依法依规一次性缴纳的长期照护保险缴费年限。

第二，长期护理保险从申请、资格审查、失能等级认定和异议复评都有严格的程序，需要申请人（或代理人）依规进行。根据规定，包括六个步骤。第一步，失能评定，按照提交的评定申请审核材料。根据规定，长期照护保险参保人员因年老、疾病、伤残等导致失能，经过治疗不能康复，丧失生活自理能力持续 6 个月以上，申请长期照护保险待遇时应当进行失能评定。申请人（或代理人）可以通过下列 2 种方式之一申请：向现住地所在区（市）县受委托的商业保险经办机构服务网点受理窗口书面提出申请或通过手机 App 提出申请。在申请时，需要提交如下材料：（1）申请人或代理人（代理人应为申请人的法定监护人或直系亲属，并提供代理人与申请人关系证明原件和委托书原件）有效身份证（或户口本）原件和复印件、申请人社保卡原件和复印件；（2）有效的病情诊断证明、按照医疗机构病历管理规定复印或复制的医学检查检验报告、入出院记录等完整病历材料的原件或复印件；（3）评定委员会规定的其他材料。第二步，失能评定条件审核。第三步，评估人员采集评估信息。第四步，失能评定信息系统生成评定结果。第五步，评定结果公示。第六步，资格评定委员会做出评定结论等程序进行。如果申请人（或代理人）对评定结论不服的，在收到评定结论 5 个工作日内可以向居住地所在区（市）县提出复评申请，并按要求携带相关资料到指定的复评机构进行复评。复评机构的专家由经办机构随机抽取。经公示有异议的，异议人应在公示期内向居住地所在区（市）县经办机构实名举报。经办机构经审核确认后受理，并在公示期满后 10 个工作日内组织复评，申请人应当按照要求配合做好复评工作。

第三，根据失能的评定结果，长期照护保险的待遇给付分成几个标准，并鼓励居家照护。经失能评定符合长期照护保险支付条件的重度失能人员，从评定结论下达的次月起享受长期照护保险待遇，支付标准根据失能等级对应的照护等级确定。长期照护保险基金支付范围的照护费用不设起付标准，由长期照护保险基金按标准进行定额支付。首先，在机构进行长期照护的，其定额支付标准按照失能等级对应照护费用的 70% 进行确定。其次，居家进行长期照护的，其定额支付标准按照失能等级对应照护费用的 75% 进行确定。具体来说，重度一级、二级、三级分别对应照护三级、二级、一级 3 个照护等级。协议照护服务机构提供机构照护服务：照护一级每人每月 1676 元、照护二级每人每月 1341 元、照护三级每人每月 1005 元；协议照护服务机构提供居家照护服务和个体服务人员提供居家照护服务：照护一级每人每月 1796 元、照护二级每人每月 1437 元、照护三级每人每月 1077 元。对应相应照护等级进行支付。长期照护保险缴费年限累计达到 15 年后，缴费年限每增加 2 年，支付比例提高 1%，累计不超过 100%。

第四，长期照护保险待遇支付范围和支付对象都有明确规定，从制度上保证了待遇使用的专属性。根据规定，长期失能人员按照失能等级对应的照护内容，接受照护服务机构提供的清洁照料、饮食照料、排泄照料等基本照护服务，所发生的与基本照护服务相关的服务费、耗材费、设备使用费等费用，按标准纳入长期照护保险基金支付。属于基本医疗保险、工伤保险等社会保险，以及应由第三方依法承担的护理、康复及照护费用，长期照护保险基金不予支付。因此，长期照护保险支付的费用，用于为重度失能人员购买基本生活照料和与基本生活密切相关的日常护理等服务。支付对象为重度失能人员指定的提供长期照护服务的照护服务机构或具有照护能力的家属、亲戚、邻居和其他愿意提供照护服务的个人。重度失能人员（或其合法委托人）选择照护服务机构或居家照护服务的，长期照护保险待遇支付给所选择的照护机构；选择通过个体服务人员（具有照护能力的家属、亲戚、邻居和其他愿意提供照护服务的个人）提供居家照护服务的，长期照护保险待遇支付给所选择的个体服务人员。如果重度失能人员的服务项目、服务提供方式或失能等级有变更，可提交变更申请，经审核通过后，从次月起按变更后的服务项目、服务提供方式或失能等级享受长期照护保险待遇。另外，重度失能人员因康复、死亡、欠费等原因丧失享受长期照护保险待遇资格的，协议照护服务机构或委托经办机构将办理终（中）止照护待遇。

（三）服务提供与经办管理

第一，照护服务机构或个体照护服务人员须满足一定的条件，且与长期照护经办机构签订服务协议，方可提供长期照护服务。根据规定，成都市范围内具备条件从事长期照护服务的医院、护理院、社区卫生服务中心、乡镇卫生院等医疗机构，各类养老服务机构，能够提供居家照护服务的其他服务机构，均可申请成为照护服务机构，但须与长期照护保险经办机构签订服务协议，明确权利与义务，约定服务范围、服务标准和结算方式等内容后实行协议管理。这些照护服务机构应具备以下基本条件：一是依法成立，具有独立法人资格；二是各项管理制度健全、业务管理规范；三是服务场所、服务设施、设备器材、机构设置和照护人员等能够保证照护服务业务的正常开展；四是信息系统能够满足长期照护保险日常管理和费用结算的需要；五是照护人员经过培训，能够提供专业照护服务。同时，愿意提供照护服务的个体照护服务人员也可以为失能人员提供长期照护服务，但要接受经办机构提供的免费的专业技能培训与指导，而且对于培训合格并取得养老护理员职业资格证书的个体照护服务人员，政府按规定给予职业技能培训补贴。

第二，失能人员既可以根据需要选择照护服务机构，也可以选择个体照护服务人员，但都需要建立健康与服务档案。一方面，长期失能人员（或其合法委托人）可以根据其自身条件和需要选择照护服务机构，并按照《成都市长期照护保险服务项目和标准》选择服务方式和内容，然后与照护服务机构签订服务协议后由照护服务机构提供服务，最后签约的照护服务机构要建立长期失能人员的健康和服务档案，报经办机构备案并纳入实名制管理。另一方面，长期失能人员（或其合法委托人）也可以选择家人、亲戚、邻居以及其他人来提供照护服务，但作为服务提供者的个体照护服务人员需要接受长期照护保险经办机构的指导、监督与管理，而且受照护的失能人员也要建立健康与服务档案，只是由经办建立后纳入实名制管理。

第三，政府在对长期照护制度运行提供全方位规范管理的同时，尝试引入第三方参与管理。长期照护保险依托成都市现行社会保险经办机构进行经办管理，负责基金征收、拨付、待遇审核和日常管理等工作。其中，各级社保经办机构负责基金征收管理工作，即参照基本医疗保险、工伤保险等基金管理制度执行，实行单独管理、专款专用、分账核算。建立举报投诉、信息披露、内部控制、欺诈防范等风险管理机制，确保基金平衡运行和安全可靠。各级医保经办机构负责业务经办管理工作，主要包括经办流程、服务标准、管理办法的制定，以及日常经办和管理工作。当然，在确保基金安全和有效监控的前提下，经办机构可将协议管理、费用审核、结算支付、服务管理等部分经办管理业务，通过购买服务的方式委托给商业保险或相互健康保险等机构经办管理，以此来积极探索委托第三方参与长期照护保险经办管理的范围、路径和方法。由成都市的人社局、民政局和卫计委等部门牵头成立长期照护保险资格评定委员会，办公室设在市劳动能力鉴定中心，负责制定长期失能人员资格认定、等级评定标准，并委托第三方机构开展认定评定工作。

第四，政府借助多种手段对长期照护保险制度进行日常监管。首先，政府建立运行分析、日常巡查等管理制度，通过信息网络系统、随机抽查寻访、满意度调查等手段，加大对照护服务机构服务情况的跟踪管理，确保失能人员享受到规范、标准和满意的照护服务。如果照护服务机构违反服务协议，那么就须根据协议进行处罚并责令整改，情节严重的应当解除服务协议。其次，政府依托现有经办管理信息系统，通过新建、改建和增加模块等途径，加强申报审核、经办管理和费用结算等信息系统建设，满足长期照护保险网上申报受理、服务实时监控和费用联网结算的要求。再次，照护服务机构要配备信息管理和结算系统，做好信息实时上传和对服务人员的管理工作。

（四） 相关配套措施

第一，通过政策配套，长期照护保险不仅自身要财务可持续，也要与其他社会保险制度以及就业促进政策实现有效衔接。其一，成都市建立了稳定可持续的筹资机制，按照以收定支、收支平衡、略有结余的原则做好长期照护保险基金收支预算，合理界定个人、企业、政府责任边界，做到群众负担可承受、财政补助可持续。其二，成都市通过建立多层次的保障制度体系，将长期照护保险与养老、医疗、工伤等社会保险，与困难救助、失能补贴、慈善捐助等保障制度进行衔接，充分发挥优势互补作用，提高整体保障水平。其三，成都市鼓励商业保险、相互健康保险等机构开发商业补充照护保险产品，满足群众多样化、多层次照护需求。其四，成都市还要建立完善的从业人员培养机制，鼓励职业院校、培训机构、服务企业加大对照护服务人员的培养力度，对培训合格并取得了护理员或养老护理员职业资格证书的从业人员，按规定给予培训补贴支持。

第二，各部门在各方面提供大力支持，并通过清晰的职责定位实现部门联动。根据规定，成都市要求所属的各地各部门加大对试点工作的支持力度，在组织实施、机构编制、经费投入和人员配置等方面给予积极支持。其一，政府要求人社部门进一步细化试点方案，制定具体措施，牵头做好长期照护保险试点工作。其二，要求卫生计生部门配合做好照护服务项目及标准的制定，督促医疗卫生机构为失能人员提供医疗和照护服务。其三，要求民政、老龄、残联等部门做好养老服务、失能残疾人等相关政策配套工作，为长期照护服务提供政策支持和工作平台。其四，要求财政部门加大对长期照护保险的财政投入，做好基金使用管理工作。其五，要求发改部门参与支付标准制定，做好照护服务市场价格管理工作。其六，要求宣传部门做好长期照护保险政策宣传报道，充分利用各类媒体做好舆情引导。其七，要求下辖的各区（市）县做好辖区内长期失能人员基础信息管理、待遇申报受理、评定结果公示，以及照护服务机构的服务监管等工作。

四 成都市长期护理保险制度特征

成都市长期照护保险主要表现为以下几个特征。

第一，对"长期照护保险"做出概念界定并作为制定试点方案设计的出发点，理解透彻，定位清晰。从名称上看，有三层含义。一是"长期"，保障对象为长期失能人员，在制度实施初期侧重长期失能人员中的重度失能人员，而且还进一步局限于长期失能人员中身体失能人员，不包括其中的失智人员。对于其他人员需要保障的对象，初步想法是采取商业补充性照护保险，比如引入相互保险公司来具体原作。二是成都市用"长期照护保险"来命名，从而有别于人社部下发试点方案中提到的"长期护理保险"，这主要是为了便于理解，成都市有关负责人认为"照护"更倾向于生活上的照料和陪护，例如喂饭、穿衣、清洁等服务，"护理"则带有医疗性质的更专业性的服务，成都市武侯区仍然使用"长期护理保险"来命名则带有或包含一定的医疗服务，因为这个定位是补充性的，所以也是可以理解的。三是以非现金方式提供待遇，即政府购买服务后提供给受益人，而不是由受益人直接获得现金给付再到市场上购买服务，主要考虑到目前市场服务比较稀缺，即使受益人有钱也未必能购买到相应的服务，而且现金给付有很多风险，比较受益人是否购买了服务以及子女是否占有了这一部分待遇都是难以监督的，当然也不利于市场的培育。

第二，在资金筹集上把缴费标准与失能风险挂钩，分年龄段按比例筹资，个人、单位、财政、社会捐赠共同分担，体现了责任共担和社会互济的原则。目前的筹资渠道包括三个：个人、单位和政府，初期保障对象是城镇职工医疗保险参保人员，也就是700多万人。按照2015年的数据测算，需要9亿元，如果按照2016年的数据测算（简阳市正式并入成都市），资金规模已经超过10亿元。其中，从医保统筹基金划拨了3.84亿元，医保个人账户基金划入4.69亿元和财政筹资0.78亿元。统筹基金划拨体现了企业的责任，因为这一部分基金是由企业历史缴费形成的，考虑到经济下行和企业的现实困难，未来可能在降低城镇职工基本医疗保险基金企业缴费比例的同时，规定一个长期照护保险的企业缴费比例，而保证企业的缴费比例不增加，从而不增加企业的负担。个人账户基金体现个人责任，但并没有给个人造成很大负担，因为平均到个人账户，划拨的比例只占到个人账户的5%左右，而且分年龄规定划拨比例，即年龄越小，则划拨比例越小，反之亦然。政府筹资只补贴退休人员，考虑的是财政可持续性问题。

第三，实施差别化待遇支付标准并鼓励居家照护，但提供陪护的人员必须经过培训，既延续了家庭传统，又规避了道德风险。待遇支付不像医疗保险那样按照病种和床位甚至是实报实销来给付，而是更加认定的失能标准，类似工伤保险的待遇支付方式。具体来说，待遇以社会平均工资来挂钩，即相当于上一年度当地社会平均工资的50%、40%和30%来确定，另外一个确定基准是居家（社区）还是机构，即在不同场所接受照护，待遇水平也是有差异的。为了鼓励居家（社区照顾），待遇标准上浮 5%。对于提供照护人员，不要求全部来自专业机构或专业人员，还可以是家属、亲戚、朋友和邻居，但是这些提供照护的人员必须接受培训，而且还有通过一些信息化手段进行现场监控。服务提供方是机构和个人的结合，给失能人员提供更多的选择。服务提供的多样化和个人选择的个性化相结合。但是有规定的服务流程和考核办法，还有抽查和满意度寻访。

第四，厘清政府和市场的责任，探索"政府主导，社会经办"新模式，充分发挥商保公司的优势。因为涉及待遇标准的制定和认定，所以如果由政府直接来经办，那么就可能给政府带来诉讼风险。为此，成都市不仅明确了评估主体，即由专家和评估员组成，后者主要来自长期护理机构的护理人员，是医疗机构长期从事护理的护理员或医生。而且，评估流程是规范、公开和透明的，每一个人都可以查自己的评估到了哪一步，还有社区公示制度和复议制度，都是由评估专家委员会来确定的，当然评估也要按照事前确定的评估量表来进行，这个评估量表也是由专家来确定的，同时，通过委托商业保险公司和相互健康保险公司等来承办，但是后者还没有成立，目前 5 家机构都是前者，即由这 5 家对于服务提供方进行结算，然后政府再对这 5 个公司分别结算。这样就需要建立一个平台，通过这个平台实现资源共享和数据交换，而且可以在一些公司退出的同时新的公司进来，保证制度的无缝衔接持续运行。但是，商业保险公司都是要付出成本的也是要有利润的，成都要付出每年 5000 ~ 6000 万元的费用支付（政府给予承办的保险机构 7% 的管理运营费用，这是目前我国政府类保险业务中一个创举，因为防止了商业保险机构的恶性竞争，而且保证了护理服务质量，为长期护理制度可持续发展打下了坚实的制度），其中利润占了很大的一部分。

第五，现行长期护理保险制度更加注重保基本，对于个性化项目开发不足，需要建立相互制长期护理保险等形式给予补充完善，满足人民更高层次的保障需求。为此，成都拟发起成立一家资本在 10 亿元以内，业务范围定位在补充基本长期护理保险，做强二、三层次长期护理保险，中国第一家中外合作，秉承雇主精神、政府监督运营、会员共同管理，具有制度创新示范意义的相互制长期护理保险公司，成都市武侯区以相互保险形式进行长期护理保险试点。应该说，在武侯区实行的相互保险与长期护理保险的融合，正在成为成都市长期护理保险的一个重要特点。

五　主要结论与政策评价

成都市按照试点要求，并结合本地特点，制定了比较翔实的长期照护保险试点方案，而且该制度一经启动便受到了社会群众的极大关注和欢迎，业务量呈井喷式爆发，当然这也许是潜在需求得到满足的正常反应，但成都市为此取得的成绩是值得肯定的。

一是定位清晰，责任明确。成都市制定的长期护理保险制度结合基本养老保险的特征，体现保基本的特点，明确了个人、社会和政府的责任边界。成都市引入长期照护保险没有免除个人缴费责任，这是对个人应负责任的最好体现，而且也对不同人群设立了不同的缴费费率，反映出失能发生概率的不同，特别是选择以 40 岁为界（另一个是退休为界）显然是参考了日本的做法，值得肯定。同时，政府也没有置身事外，而是通过两方面来体现政府所应承担的必要责任。一方面是通过财政补助的形式为长期照护保险提供支持，但又严格控制财政支付力度，避免过度福利，给政府财政背上沉重包袱。另一方面是通过支付必要的费用给第三方服务提供商，政府不仅弥补了服务提供商的运营成本，也提供了一定的利润，从而有利于这种模式的长远可持续发展，这也是政府责任的一种体现。

二是数据支持，决策科学。长期照护需求与人口结构和健康状况高度相关，如果没有大量可靠的数据提供支持，那么制定的长期照护保险方案必然是低效的甚至无效的。这就要求政府在制定相应方案和政策时，事先掌握这些数据。但是，本次长期护理保险制度试点多以地级市为试点单位，因此难以从政府每年公布的统计年鉴中获得这些基础数据（大部分只统计到各个省的层面而没有地级市的具体数据），即使有一些数据，但因为存在不同口径，不仅难以达成相对一致的看法，还会导致政策制定者陷入更加困惑的境地。因此，成都市政府首先通过服务外包的形式借助不同渠道来调查统计该市的长期失能人口的数量、结构和分布，然后据此制定了相对可行的方案。

三是量入为出，层层推进。成都市在制定长期照护保险方案的过程中，始终把可负担性放在突出位置，特别是把财政负担能力作为约束条件，因此目前的保障范围主要限定在参加城镇基本医疗保险的职工上，而没有把参加城乡居民医疗保险的人员考虑在内，后者是成都市长期照护保险未来要覆盖的范围。目前的保障对象仅限于长期重度失能人员中身体失能人员，未来才可能把精神失能人员（失智人员）纳入进来，最后再把其他失能人员纳入进来。

但是，成都模式也给我们提出了一些问题。第一个问题是，如果说这一模式对当地是科学合理的，那么如何推向全国仍然是一个突出问题，因为成都市作为特大城市，城镇化率较高，经济发展水平相对较好，很多经济欠发达地区与之差异较大。如果这一模式不能推向全国（或者全国不同地区采取不同模式），这就带来了第二个问题，即如何实现不同地区之间待遇互认和参保职工的转移接续问题，这个问题如果解决不好，要么会限制劳动力的自由流动和合理配置，要么就大大降低人们参保缴费的意愿，特别是对一些流动性比较强的人口（例如农民工）更是如此。

还有一个核心问题，那就是财政补贴的公平性问题。既然成都市目前的保障范围只局限于参加城镇职工基本医疗保险的人群，那么把参加城乡居民医疗保险的人员放在未来解决，但又没给出具体时间表，如何对占劳动力接近2/3的非正规就业人员提供长期照护保险，如果迟迟不能对这些更为弱势群体提供保障，那么财政补贴的公平性是值得拷问，这需要引起我们的高度重视。

北京海淀：商保承办的失能
护理互助保险"试水者"

2017 年 7 月，中国社会科学院世界社保研究中心调研组来到北京市海淀区中国人保寿险北京分公司，与该公司承办海淀区居家养老失能护理互助保险的相关负责人进行座谈和交流。海淀区居家养老互助保险是目前国内首个由商业保险公司开发并由地方政府支持举办的长期护理保险，其在产品设计理念、政府支持手段、服务市场培育等方面的创新具有很好的借鉴意义①。

一 海淀区开展居家养老失能
护理互助保险的背景

进入 21 世纪以来，海淀区日益感受到人口老龄化带来的压力。截至 2015 年，海淀区 60 岁及以上户籍人口共计 48.6 万人，占总人口比率已经达到 20.3%；民政部门数据显示：海淀区失能失智老年人达 7.7 万人，占老年人口总数的 16%，其中重度失能老年人约 2 万人②。

---

① 调研报告使用了中国人保寿险北京分公司提供的材料，在此表示感谢。文责自负。
② 本节中未提及出处的数据均为调研得到，特此说明。

在当前医疗保险和以家庭为核心的照护体系下，海淀区失能老人90%以上依赖家庭照顾护理，特别是重度失能老人95%以上依靠家庭照顾。对于家庭而言，一旦有成员失能，往往意味着所有家庭成员的工作生活陷入混乱。更严重的问题在于，随着人口老龄化速度的加快，海淀区老年人口还在以每年2.2万人的速度增加，少子高龄化、空巢家庭问题愈发突出，在失能人口规模越来越大的同时，家庭规模却在缩减。这意味着，传统的以家庭为核心的照护体系无法满足迅速增长的照护需求。

为了应对人口老龄化带来的越来越多的失能照护需求，海淀区在国家及北京市相关政策的指导下，展开了商业性长期护理保险的探索。探索主要由以下文件推动。

一是2013年颁布的《国务院关于加快发展养老服务业的若干意见》（国发〔2013〕35号），其中提出：各级政府应"鼓励老年人投保健康保险、长期护理保险、意外伤害保险等人身保险产品，鼓励和引导商业保险公司开展相关业务"；并提出"各地要加快建立养老服务评估机制，建立健全经济困难的高龄、失能等老年人补贴制度"，还提出"到2020年，全面建成以居家为基础、社区为依托、机构为支撑的，功能完善、规模适度、覆盖城乡的养老服务体系"的目标[①]。该文件将2006年提出的"加快发展养老服务业"，升级为"形成一批养老服务产业集群"。

二是2013年颁布的《国务院关于促进健康服务业发展的若干意见》（国发〔2013〕40号），其中提出：保险公司应该"积极开发长期护理商业险以及与健康管理、养老等服务相关的商业健康保险产品"，

---

① 中央政府门户网站：《国务院关于加快发展养老服务业的若干意见》，http://www.gov.cn/zwgk/2013-09/13/content_2487704.htm。

再次提出了"打造……健康服务产业集群"的目标①。

三是 2014 年国务院颁布《关于加快发展现代保险服务业的若干意见》（国发〔2014〕29 号），其中提出："发展多样化健康保险服务。鼓励保险公司大力开发各类医疗、疾病保险和失能收入损失保险等商业健康保险产品，并与基本医疗保险相衔接，发展商业性长期护理保险"②。

四是 2015 年北京市政府颁布《北京市居家养老服务条例》（2015），并在第 16 条提出："市人民政府应当制定政策，支持、引导商业保险机构开发长期护理保险，为失能老年人提供长期护理保障，政府对长期护理保险的投保人给予适当补贴"③；该条例在 2016 年得到落实——北京市人民政府办公厅印发了《关于贯彻落实〈北京市居家养老服务条例〉的实施意见》的通知（京政办发〔2016〕48 号）提出："以海淀区、石景山区为试点，探索开展多种模式的长期照护保险，并适时推广"④。

2016 年下半年，北京市海淀区政府颁布了《海淀区居家养老失能护理互助保险试点办法》（海行规发〔2016〕7 号）和《海淀区失能护理互助保险实施细则（试行）》（海老办发〔2016〕8 号），与中国人民人寿保险股份有限公司联合推出护理保险，居家养老失能护理互助保险正式进入了宣传、承保阶段。

----

① 中央政府门户网站：《国务院关于促进健康服务业发展的若干意见》，http://www.gov.cn/zwgk/2013 - 10/14/content_2506399.htm。
② 中央政府门户网站：国务院《关于加快发展现代保险服务业的若干意见》，http://www.gov.cn/zhengce/content/2014 - 08/13/content_8977.htm。
③ 全国老龄工作委员会办公室：《北京市居家养老服务条例》，http://www.cncaprc.gov.cn/contents/12/73698.html。
④ 首都之窗：北京市人民政府办公厅印发《关于贯彻落实〈北京市居家养老服务条例〉的实施意见》的通知，http://zhengce.beijing.gov.cn/zhengce/197/1861/1931/1005151/140971/index.html。

需要指出的是，自人力资源和社会保障部发布《关于开展长期护理保险制度试点的指导意见》以来，各地结合自身情况开始了各种模式的长期护理保险制度探索。与其他地区长期护理保险制度多由政府主办不同，海淀区两份文件直接表明了其所构建的长期护理保险制度的特殊性：一是该制度是以户为单位的居家养老制度的延伸，而其他地区的长期护理制度多是基于机构照护；二是制度性质为商业保险，试点地区多基于现有医疗保险发展而来。海淀失能护理互助保险制度的定位为医疗保险的补充，该模式采用了政府、保险公司与个人三方风险分担机制，在形式上借鉴预交风险损失补偿分摊金的互助保险模式，也是目前仅有的政府主导的商业化护理险项目。

二 海淀区居家养老失能护理互助保险概况

调研中了解到，在 2016 年正式开始实施试点以前，海淀区经历了 3 年的调研与论证阶段。试点开启之后，海淀区政府发布了多个文件，内容从确定试点到实施细则、机构申请、监管以及与特殊脆弱群体保障衔接等，甚至包括宣传文件——海淀区民政局发布了《关于配合开展居家养老失能护理互助保险试点工作的通知》的文件，要求各镇政府、街道办事处协助保险公司做好宣传工作。这些文件规范并推动了海淀区居家养老失能护理互助保险的发展。

海淀区最终选择了互助保险这样一种形式，并以居家服务为主体，是基于自身条件理性思考的结果，主要影响因素有二：一是人口老龄化的加剧带来了现实的需求；二是护理机构的制约。根据前期数据统计，海淀区可为失能老人提供的床位不足 2500 张，能为重度失能老人提供服务的床位不足 1000 张。由于资源限制，大规模进行照护机构建设并不现实；而且，海淀区能承担居家护理照顾服务的护理专业机构不足，缺少资源整合的可能性。现实情况意味着，只依靠机构照护服务无法满足日益增加的照护服务需求。当前海淀区专业护理机构和社区护理机构的护理费用较高，一般家庭无力承担，而且机构间服务质量差异较大。因而，海淀区最终选择了以居家服务为对象的互助保险模式。

（一） 参保资格条件与基金筹集

海淀区失能人员参保范围在所有试点中独具特色：以家庭为单位参保。具体而言，"海淀区城乡户籍年满18周岁（在校学生除外）以上的居民以及在本行政区域内各类合法社会组织工作的具有本市户籍人员可以参保，参保以户为单位，其中享受生活困难补助人员、具有残疾证的残疾人可个人参保"[①]。

具有本市户籍的人员是指：在海淀区行政区域内注册的党政机关、企事业单位、社会团体工作的本市户籍人员。符合规定的参保人员常驻父母与配偶（非本区、市户籍）可随参保人员一同参保，但不享受政府财政补贴[②]。

从参保资格来看，以户为单位是海淀区居家养老失能护理互助保险制度最鲜明的特色。在国内的失能保障基本以个体为单位的情况下，海淀失能护理互助保险以家庭为单位，这使得海淀区的失能护理保险的保障范围扩大，即若家庭中只有一名户籍人口，其参保就可带领全家参保，在一定程度上增强了家庭成员间的联系，而且以家庭为单位自然不会区分职工和居民，理论上具备进一步缩小城乡差距的作用。此外，海淀失能护理互助保险还有三个特色：一是对特殊困难群体提供财政补贴；二是坚持自愿参保原则；三是海淀区的失能护理互助保险虽然形式为商业保险项目，但制度从建立初期即具备了明显的社会福利特征。

在资金筹集方面，海淀区规定，护理互助保险资金采用社会统筹基金账户与个人账户相结合的形式。护理互助保险资金"由个人缴费、政府补贴与照护服务机构缴纳互助基金组成"。个人缴费记入个人账户，政府补贴与照护服务机构互助基金记入统筹基金账户，互助保险资金统筹用于失能照护服务。失能护理互助保险基金按年度筹集，参加保险的人员一次性缴纳全年度保费。个人缴纳部分由协议约定的保险公司每年7月份一次性收缴；政府财政补助部分纳入次年部门预算①。

由于护理风险不同年龄段差异很大，海淀区的护理互助保险基金尝试按年龄段不同实行差别化缴费，每年缴费标准基数动态调整。具体来看：2016年每人每年缴费标准基数为1140元。个人缴费标准为：18周岁至39周岁的按缴费标准基数缴纳；40周岁至59周岁的按缴费标准基数110%缴费；60周岁以上的按缴费标准基数120%缴费，政府按不同年龄段缴费额度20%的比例予以补贴（市、区财政按1∶1比例负担）。农业户籍的参保人员由镇财政暂按每人每年补助120元补贴②。

此外，在资格条件中还明确规定了对特殊脆弱群体的倾斜政策："年满55周岁及以上的享受城镇最低生活保障的家庭、享受生活困难

---

① 北京市海淀区人民政府关于印发《海淀区居家养老失能护理互助保险试点办法》的通知，http://www.hdfsd.gov.cn/zcfg/hdzc/201609/t20160926_1301455.htm。

② 北京市海淀区人民政府关于印发《海淀区居家养老失能护理互助保险试点办法》的通知，http://www.hdfsd.gov.cn/zcfg/hdzc/201609/t20160926_1301455.htm。

补助的个人，参保费用由政府全额补贴，终止最低生活保障或生活困难补贴的，由个人继续缴纳剩余年限费用并享受20%的财政补贴；计划生育特殊困难家庭特扶对象参保费用由政府全额补贴"①。上述计划生育特殊困难家庭特扶对象和年满55周岁（含）享受本区民政部门最低生活保障、城市重残人员生活困难补贴的残疾人参加护理互助保险的，由区卫计委、区民政局负责全额补助。

另外，对具有本区户籍并持有中华人民共和国第二代残疾人证、年满50周岁并在当地护理保险经办机构连续（自开始交费后中途不得申请退出）参加了海淀区居家养老失能护理互助保险的残疾人给予护理互助保险补助②。补助标准为：一是对已有稳定性收入，且已享受重残人护理补贴的残疾人，按照护理互助保险当年基金缴费标准基数的40%给予补助；二是对未享受重残人护理补贴的残疾人，按照护理互助保险当年基金缴费标准基数的50%给予补助；三是对无稳定性收入与享受民政部门低收入救助，且已享受重残人护理补贴的残疾人，按照护理互助保险当年基金缴费标准基数的70%给予补助；四是对未享受重残人护理补贴的残疾人按照护理互助保险当年基金缴费标准基数的80%给予补助；五是对满足趸缴条件的残疾人（同时具备年满65周岁、身体失能、缴费未达到15年最低缴费年限），可以比照上述补助标准对不足年限部分的护理互助保险在个人应缴部分足额缴纳的基础上给予一次性趸缴补助③。

① 北京市海淀区老龄工作委员会办公室：《海淀区失能护理互助保险实施细则（试行）》，http://hdcl. bjhd. gov. cn/zcfg/yhzc/201705/t20170525_1372516. htm。
② 北京市海淀区残疾人联合会：海淀区残联、区财政局、区民政局、区人力社保局关于印发《海淀区残疾人参加失能护理互助保险补助暂行办法》的通知（海残字〔2016〕43号），http://hdcl. bjhd. gov. cn/zcfg/yhzc/201705/t20170525_1372521. htm。
③ 北京市海淀区残疾人联合会：海淀区残联、区财政局、区民政局、区人力社保局关于印发《海淀区残疾人参加失能护理互助保险补助暂行办法》的通知（海残字〔2016〕43号），http://hdcl. bjhd. gov. cn/zcfg/yhzc/201705/t20170525_1372521. htm。

海淀区长期失能护理互助保险还规定：个人连续缴费不得低于 15 年，财政补贴不得超过 15 年。对因居住地迁出等特殊情况，不能继续交满 15 年的，经保险经办机构审核同意可退还个人缴费部分的现金价值。约定准入的照护服务机构养老服务互助基金按被服务人数每人每年 240 元缴纳，费用于服务次年开始征收①。

需要指出的是，海淀区护理互助保险费收支的经办机构为协议约定的具有合法资质的商业保险公司（保险经办机构），这也是制度模式自然延伸的结果。对于海淀区失能护理互助保险，其基金模式为：筹集资金用以支付护理费用，结余投资增值，与后续缴费形成基金池，这也是互助基金模式自身的特征（见图 1）。

图 1　失能护理互助保险基金模式

（二）　失能人员认定与待遇标准

当被保险人年满 65 岁，且满足最低缴费年限，因身体、心智等原因，经连续不少于 6 个月以上治疗，经医疗机构出具证明，达到失能标准的，可向保险经办机构申请享受护理保险待遇。参保人达到 65 周岁规定的失能标准时，缴费不足最低缴费年限的，应一次性按当年

---

① 北京市海淀区人民政府关于印发《海淀区居家养老失能护理互助保险试点办法》的通知，http://www. hdfsd. gov. cn/zcfg/hdzc/201609/t20160926_1301455. htm。

缴费额度迻交至 15 年^①。

对于失能人员的认定，海淀区采用了 ADL（日常活动能力）法，即以日常基本生活中繁荣吃饭、穿衣、睡觉与如厕四项基本生活能力为标准。具体来看，丧失基本生活能力等级被划分为三级：轻度失能（一项丧失）、中度失能（二至三项丧失）、重度失能（四项丧失）。根据不同人群采用了三项不同评分评定申请人员是否符合长期护理保险待遇标准。

需要说明的是，试点办法中仅对评级做了原则性定义，并未给出详细的定级标准，这给实践带来了困难。海淀区的做法是引入第三方生活能力评估机构以规避此问题——"当失能护理互助保险的参保人员达到失能标准，申请享受保险待遇时，保险经办机构须委托第三方生活能力评估机构对参保人员的失能等级进行评估"^②。尽管有了专业机构的介入，但失能标准的缺失仍旧会导致人为差异，这也是目前制度亟待改进的。

调研过程中，作为实施单位的中国人民人寿保险股份有限公司北京分公司建议细分标准，通过借助辅助设备或人力协助的项目数量来确定失能等级（轻度及中度）；无法借助辅助设备，完全由人工帮助的失能情况定级为重度失能。在其他试点地区，我们也对 ADL 量表进行了各种修订，对于全国长期护理保险制度而言，构建国家统一的失能标准也是一项重要且急迫的任务。

目前，当第三方生活能力评估机构认定申请者符合标准后，由符合准入条件的专业照护服务机构以实物形式为合格的申请者提供相应

① 北京市海淀区人民政府关于印发《海淀区居家养老失能护理互助保险试点办法》的通知，http://www.hdfsd.gov.cn/zcfg/hdzc/201609/t20160926_1301455.htm。
② 北京市海淀区老龄工作委员会办公室：《海淀区失能护理互助保险实施细则（试行）》，http://hdcl.bjhd.gov.cn/zcfg/yhzc/201705/t20170525_1372516.htm。

的照护服务。海淀区失能护理互助保险提供四个方面的照护服务。

一是居家照护服务，包括日常生活照顾、基本护理、用药护理、巡诊、协助医疗、基础康复、运动指导、日常生活活动能力训练、餐饮服务、紧急救援，以及提供辅具购买、租赁服务与居家无障碍环境改造等。二是社区照护服务，包括日间照料、社区康复护理等。三是机构照护服务，独居、寡居的失能老人经申请后，可在定点照护服务机构中接受长期照护服务，超出护理保险支付额度部分由个人按机构规定承担（低保、城市"三无"、农村"五保"、老人除外）。四是其他照护服务，包括亲情家庭互助服务、安宁关怀服务、精神安慰、特定条件下的现金支付服务与志愿服务。

当前支付按照以下标准（实物服务）：轻度失能为 900 元/月、中度失能为 1400 元/月、重度失能为 1900 元/月。基金使用范围包括专业照护服务机构按规定提供的服务费用、失能等级的评估费用、健康管理服务费用等。另外，符合现金支付条件的可按规定申请现金支付，服务费用由护理互助保险基金承担①。

海淀区居家养老失能护理互助保险还规定：保险基金将建立动态稳定的筹资和待遇调整机制。参照当地社会平均工资增长水平和基金承受程度建立定期增长机制，并逐步调整个人缴费、政府补助的比重。由政府主管部门或其指定的第三方机构根据评估情况，定期公布年度缴费标准和待遇支付额度。保险基金使用与管理接受社会监督。

关于继承问题的规定：未享受失能护理互助保险待遇的参保人身故时，个人账户可继承，继承人达到保险基金支付条件时可享受照护服务待遇；已享受护理保险待遇的，参保人享受照护服务待遇累计费

---

① 北京市海淀区人民政府关于印发《海淀区居家养老失能护理互助保险试点办法》的通知，http://www.hdfsd.gov.cn/zcfg/hdzc/201609/t20160926_1301455.htm。

用支出少于个人实际累计缴费数额的，个人账户余额按当期缴费标准折算缴费年限后，继承人应按以后各年度缴费标准继续缴纳剩余年限保险费，达到最低缴费年限后符合保险基金支付条件的可享受待遇；继承人已参加护理保险的，其继承的个人账户余额资金可置换协议约定的商业保险公司开发的护理保险附加产品或一次性按个人账户现金价值清退个人账户资金①。

从实践情况来看，海淀区的失能护理由于缺乏失能认定的明确标准，存在人为认定差异的可能性；此外，互助保险待遇获取的时间较长，其要求至少经过六个月的治疗，这对突发重度失能状况并不利。总体来看，以服务方式支付在一定程度上免除了资源的浪费，初步形成了普惠式的基本保障体系。

（三） 服务流程概况

海淀区护理互助保险在运作过程中涉及 4 种机构，分别为护理险管理机构、经办机构、对申请照护服务参保人失能等级进行评估的评估机构以及提供服务的照护服务机构。

护理互助保险管理机构为民政局老龄工作委员会办公室，其负责养老照护服务机构的准入准出审核，并负责确定保险服务范围和服务内容、服务项目支付标准；此外，还负责公布财政补贴预算情况、协助保险经办机构开展相关保险业务工作，并对经办机构服务及护理险后续工作进行监管。

护理互助保险经办机构指的是具有法人资质的、与政府签订服务合作协议的商业保险公司。商业保险公司负责护理保险资金收缴、支

---

① 北京市海淀区人民政府关于印发《海淀区居家养老失能护理互助保险试点办法》的通知，http://www.hdfsd.gov.cn/zcfg/hdzc/201609/t20160926_1301455.htm。

付、结算、基金增值与风险防控，并负责与准入照护服务机构签约，承担护理险后续的服务工作。按照当前定位，类似于受托人角色。

对于提供服务的照护服务机构，按照《海淀区居家养老护理互助保险服务机构准入与管理办法》对符合申请条件的照护服务机构审批进入，对符合失能标准的参保人提供以居家照护服务为主的照护服务。

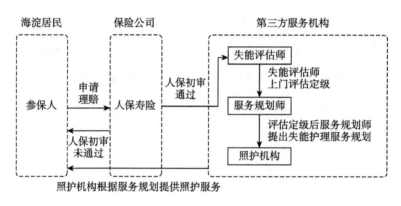

图 2　失能护理互助保险服务流程

对于服务的提供者，海淀区发布了多项文件加以规范。起点是《北京市民政局、北京市老龄工作委员会办公室关于印发〈北京市2014 年街（乡、镇）养老照料中心建设工作方案〉的通知》，此后，在《北京市民政局、北京市老龄工作委员会办公室　关于依托养老照料中心开展社区居家养老服务的指导意见》（京民老龄发〔2015〕111 号）与《北京市民政局、北京市财政局北京市老龄工作委员会办公室　关于支持养老照料中心和养老机构完善社区居家养老服务功能的通知》（京民老龄发〔2015〕216 号）两份文件指导下，海淀区发布了《海淀区居家养老失能护理互助保险养老服务机构准入与管理办法》（简称《准入与管理办法》）（海老办发〔2016〕9 号），旨在通过众多文件，规范并引导养老服务机构与居家养老和社区养老衔接融合。

《准入与管理办法》为提供居家照护服务的机构、医疗康复服务机构，养老照料中心、社区养老服务驿站，提供集中养护服务的养护院，提供失能评估、服务规划机构、老年辅具服务商、老年家庭适老化改造的企业，安宁服务等各类服务组织申请加入护理互助保险服务建立了准入标准。该办法从申请条件、管理要求、服务要求、安全管理及制度建设等五个方面对拟申请准入的服务机构进行了全方位的约束。

如在海淀区民政局关于印发《海淀区社区养老服务驿站建设指导意见》（海民发〔2016〕55号）的通知中，规范了社区养老服务驿站的功能，对社区养老服务驿站的布局设置、建设资质、建设标准、设施来源、运营资质、运营模式与社区养老服务驿站扶持政策、资金拨付、风险管理和退出机制做了详细规定。

在上述文件中，还建立了养老服务项目与补贴标准。如在海民发〔2016〕35号中明确提出了补贴分为立项补贴和服务量补贴两个部分，立项补贴分为十项内容，服务量补贴分为两种核算方式，并以标准小时为计价单位。

此外，为了推进制度协调发展，海淀区政府还建立了护理互助保险联席会制度，由市金融局牵头负责协调市级有关部门工作，支持试点工作开展；区联席会由主管民政工作副区长牵头，民政局、财政局、人力社保局、卫计委、金融办、法制办、残联、保险公司组成，负责试点期间相关工作的开展。总体上看，海淀失能护理互助保险通过出台众多的文件，试图形成从准入资质到服务项目、行业标准、费用标准、运营与考核管理等的制度体系，对服务提供机构的各项行为进行规范。

三 海淀区居家养老失能护理 互助保险经验与问题

截至 2017 年 12 月 1 日，人保寿险北京分公司完成 5700 余人的承保手续，累积收取保费 747 万元。其中，政府全额补贴的参保人群为 5230 人，自然人参保为 480 余人。自然人参保待承保 15 人，保费约 1.5 万元。一年多以来制度覆盖人群并不多，但制度初创，未来的态势还有待于进一步观察。

调研团队对海淀居家养老失能护理互助保险制度印象最为深刻的，是各参与方采取各种措施保障制度的构建，海淀地区也是调研对象中各部门协作最为流畅的地区之一。这应该归功于一年来政府有关部门（海淀区卫计委、民政局工作人员、养老驿站工作人员等）、护理险系统开发团队、养老机构工作人员与媒体组织的良好交流机制，尤其是多次专题探讨会、各种形式的培训班、培训会发挥了重要作用。良好的协调机制使得相关工作人员了解护理险项目、护理险系统及最新进展，并就护理险项目服务宣传做出相关安排，这也是海淀区居家养老失能护理互助保险从诞生之日起就能够做到多部门平稳衔接的关键所在。

（一） 主要特色

海淀失能护理互助保险建立在政府、保险公司、服务机构与个人广泛参与的基础上，政府考虑到当地实际服务能力以及长期失能人员需求因素——基本生活照料、护理康复、精神关怀等照护服务内容，以提高长期失能人群生活质量、减轻家庭经济负担、维护社会和谐、保障民生利益为原则，形成了海淀区失能护理互助保险制度自身的定位，特点鲜明。

一是将商业保险引入基本公共服务领域，形成了由政府、保险公司、社会与个人四方组成的养老服务框架。在海淀区失能护理互助保险制度建设中，政府各部门通力合作，基本解决了制度衔接问题；试点还利用商业保险已有的组织机构和服务能力优势，让商业保险机构服务于公共服务事业，以补充险的形式，对已有的制度加以完善。试点初步实现了不同收入人群基本服务保障覆盖，形成了由制度解决基本的护理服务需求，由市场满足个性化需求的机制。最后，试点通过引入福利因素，使得制度具备一定的普惠特征。

二是制度立足于以家庭为单位的居家养老服务，制度设计以"服务给付"代替了传统的"现金给付"，并根据制度参与者需求，依托居家养老向社区和机构延伸，初步形成完整的服务链条。海淀区失能护理互助保险以户为单位的尝试的优点有二：一是有利于解决参保率的问题，二是有利于改进参保人年龄结构。由于参保单位是户，年轻人和老年人将会同时进来，而且家庭成员间可以通过继承方面的相关规定激励参与制度，在某种意义上，海淀失能护理互助保险带动了养老服务全产业链的发展。

三是形成了政府、保险公司与个人三方分担的风险机制。海淀区失能护理互助保险借鉴了"预交风险损失补偿分摊金"的互助保险模式，探索由政府主导、商业化运作的护理险项目。对于商业保险公司而言，这是一个创新性的产品，政府是这个产品的战略合作者。产品借用了保险公司资金保值增值的功能，用万能险的形式完成护理险的内容；对于政府而言，也是PPP的一种尝试，利用社会力量解决公共服务问题。

（二） 存在的隐忧

海淀居家养老失能护理互助保险虽然实施时间不到两年，但在调研中发现，制度存在着一定的隐忧。

一是缺乏相关标准。首先，当前海淀区失能认定标准只是原则性规定，对于失能评估机构的评估办法及评估依据还未做详细说明，使得护理险在运行过程中关于参保人失能状况等级的确定不够明确，缺乏具体标准容易放大人为因素导致的偏差。其次，对照护服务机构提供具体服务的标准及形式暂未明确，使得海淀区护理险在实际推广过程中，各方参与者无从判断服务内容与质量。标准的缺失造成了多方受损的局面：政府难以判断财政补贴的作用与效果；参保者难以预期能够获得的服务数量与形式；服务提供机构容易陷入各种争端（政府监管与参保投诉），实践中亟待明确上述标准。

二是缺乏数据，导致制度参与各方，无论是政府、保险公司，还是参保人都难以做出准确预期。自 21 世纪之初中国迈入老龄化社会以来，各界普遍预期只用二十余年即可完成从老龄化到中度老龄化的转变，这一进程之快导致健康预期寿命的变动尤为迅速。迅速变动的人口年龄结构使得制度参与各方难以通过历史数据对长期失能护理互助保险的人口规模、结构等基本问题形成稳定的预期。实践中，保险公司测算只能使用虚拟模型估测不同年龄的参保行为，但是如果制度中老年人严重偏多的话，那么制度风险将迅速提升；而公众由于并不清楚失能率等情况，观望情绪较为浓厚，这降低了参保的可能性。缺乏数据的后果是信心的缺失，这进一步增加了双方的风险。这一风险在一定程度上还可能形成恶性循环——由于缺乏数据和相关经验，意味着存在费率波动超预期的可能性，如果费率发生较大变化，未参保群体参与的可能性将进一步降低。

三是部门协调还有进一步完善的空间。虽然海淀区各部门已经就失能护理保险制度展开了卓有成效的合作，但毕竟制度只运行了一年时间，限于时间也限于制度发展的进程，当前民政与残联的相关政策没能形成一站式服务；而且，养老机构在经营中也遇到了一系列困难，如机构责任险、护理服务短缺等，这两个制约供给的主要因素在几乎所有的调研地区都不同程度地存在，而改善以上两个因素，绝不是单一部门可以做到的。以上种种因素，都在困扰着失能护理互助保险制度的发展。

　　四是缺乏明确的政策激励工具。当前，制度的激励效应主要通过各种形式的补贴实现。而且除了缴费补贴之外，其他补贴多为一次性补贴，无助于各方形成明确稳定的预期，尤其重要的是缺乏相关的税收优惠政策。长期失能是明显与年龄相关的风险，年轻人失能概率远低于老年人，如果没有相关的长效制度激励因素，其参保可能性存有隐忧，而相互保险的特征决定了如果参保人口结构存在问题或者积累时间过短则制度的保障效果堪忧。

（三）主要启示与思考

　　建立长期可持续的护理保险制度是一项浩繁的系统工程，其发展历程与人口老龄化、经济结构、社会发展以及文化因素息息相关。作为养老和医疗的交界领域，长期护理保险的实施涉及多个政府部门，涉及为数众多的机构与个人，需要从全局把握，合理规划，与其他制度协同发展。调研认为，海淀失能护理互助保险的借鉴意义如下。

　　一是探索了商业保险与社会保险交融的可行性。21世纪以来，世界范围内的社会保障体系在模糊传统社会保障的边界，海淀失能护理互助保险更是以补充险的形式，对现有养老医疗保障体系做了增强，而且在制度设计中带有明显的福利（有条件的现金转移支付）因素。其经验意味着，通过良好的机制设计，可以将社会保险与商业保险有机结合起来，充分发挥二者的优势，从而实现广覆盖、保基本、多层次的长期护理制度建设，这种尝试未来可以为社会保障与商业保障的融合积累经验。

二是在社会保险领域引入了市场机制。海淀开展的失能护理互助保险表明，良好的机制设计可以发挥政府和市场的双重作用，平衡公平与效率双重目标：①通过对筹资、待遇条款的制度设计，可以改进社会资源的分配方式，改进长期护理需求参保者的福利水平，并从整体上提升所有群体的安全感；②通过有条件转移支付的制度设计方式，在一定程度上缩小收入差距，有助于提升社会公平。

三是制度设计强化了政府、商业保险公司、护理服务机构、个人及家庭等多方主体的权利和义务。护理保险制度的设计体现了政府在宏观社会风险管控中的作用，更是从微观层面激发个人和家庭的作用。海淀失能护理互助保险通过一系列的政府补贴以及对家庭参保的激励，引导制度参与各方明晰自身的权利与义务。

四是试点表明，社会保障领域并不影响市场机制发挥作用。护理的服务提供商通过市场竞争机制引入，有利于促进供应商服务品质的完善及服务质量的提升，从而有效提高长期护理保险体系的运行效率。

海淀失能护理互助保险未来进一步发展，需要做好以下工作。首先，进一步理顺委托方、受托方、服务提供方与待遇领取者之间的关系。海淀区的互助保险，项目服务涉及较多的第三方，尤其是与待遇领取者最为重要的服务提供者——护理机构。这需要政府、保险公司与相关护理机构以及社区（含评估机构等）多次沟通，促成政府、护理机构与保险公司、社区的对接与合作。

其次，在技术层面加强合作与对接。护理险的理赔涉及护理机构提供服务的结果反馈，保险公司理赔平台的建立和完善需要与政府建立的护理险支持系统对接，以便实时更新和改进。从目前的保险系统来看，还需要政府、保险公司与服务机构三方多加沟通，并充分考虑到参保人信息获取以及服务获取便利化的需求，加快护理险平台的运营速度，使参保人有良好的理赔申请及服务体验。

再次，尽快建立调整机制。海淀失能护理互助保险当前保障的群体是长期医疗之后的失能群体，对突发失能支持力度欠佳，而且当前制度设计无法避免地占用医疗资源（长期占用医院床位）。这需要在提供基本保障的基础上，明确待遇调整机制，形成稳定预期。相对的，缴费机制同样亟待建立，以避免大的波动。

最后，重视财务可持续性，完善激励机制。随着人口老龄化程度的加深，失能护理保险的需求将越来越大，而政府的责任在于如何发动全社会力量满足人民日益增长的美好生活需要。现实情况是，由于历史数据的缺失，保险公司难以做出可靠的长期预测，而公众的信任与人口结构的变化，都可能改变制度的财务可持续性。政府需要格外关注制度的运行情况，尤其是对财务可持续性的变化做好准备。当前制度虽然已经对不同年龄做出了差异化缴费的规定，但缴费差异化幅度远低于不同年龄群体风险差异，在缺乏激励机制的情况下，如果年轻人缴费不足（缴费人数与缴费金额），那么能积累的资金必然有限，不利于制度的长期可持续性。

调研实录

青岛"长期医疗护理保险"制度
试点调研实录摘要

2017 年 8 月 17 日，课题组赴青岛实地调研当地长期护理保险试点运行情况，先后走访了青岛市社会保险事业局、青岛福彩四方老年公寓、青岛大山社区日间照料中心等地。调研采用集体座谈和个别访问相结合的方式，重点就青岛护理保险试点方案、政府责任界定、护理服务形式、需求认定和登记评定方式、商业机构参与情况等进行了解。

一 青岛长期医疗护理保险试点基本情况

（一）青岛市人口与社会保险收支基本情况

目前，青岛有 920 万常住人口，其中职工和居民医保参保人数合计约 830 万人（职工参保人数 330 万人，居民医保不到 500 万人）。青岛市于 2014 年对居民医疗保险进行过渡整合，由新农合制度逐步过渡到城乡医保，2015 年 1 月 1 日正式整合完成。2016 年，青岛 GDP 突破 1 万亿元，为山东省最高，地方财政收入刚过 1000 亿元；

在岗职工社会平均工资为 5.8 万元，居民人均可支配收入为 3.8 万元，农村不到 1.8 万元。总体看，青岛的工资水平不是太高。

由于经济增速减缓，青岛近年来常住人口增速明显减缓。常住人口增速减缓，会直接导致社会保险参保人数增速减少，目前青岛每年新增参保人数为 2 万~3 万人。但是，青岛每年新增退休人员很多，每年十万人左右。所以，青岛市担心由于城市发展减慢，会对社保扩面产生不利影响。现在，青岛各项社会保险开始陆续出现缺口。养老保险每年亏 20 多个亿，开始吃历年结余。生育保险也开始亏空，因为生育保险计发基数以单位平均工资为计发基数。居民医保也是亏空的，原因是 2016 年医疗服务价格调整，调整后人均支出价格提高到 110 元/年。职工医保当期没有出现亏空的主要原因是，由于机关事业单位养老保险的并轨，医保缴费基数扩大。

（二） 青岛市社保局及护理保险基本情况

青岛社保局属于参公单位，原来是 7 个分散的单位，2012 年进行了整合。青岛五项社会保险制度分为两个经办机构，失业保险单独出去，由就业服务部门负责具体经办，其他四险的经办业务在社保局。目前，青岛社保局共有 18 个处，三个分局，人员编制为 395 个。

青岛医疗护理保险正在考虑向正式护理保险转型。在 15 个试点城市中，已经有十一二个城市落地了长期护理保险政策，青岛应当加快，但也要遵循科学原则。

（三） 青岛护理保险实施情况

青岛于 2012 年 7 月开始试点长期医疗护理保险制度，2015 年获政府最佳创新奖第一名。2017 年 1 月，青岛将失智老人纳入护理保险试点，这在全国 15 家试点城市中也是创新。目前，青岛累计有 4.5

万失能失智老人享受了护理保险待遇，平均年龄为80.4岁。

1. 青岛护理保险制度实施原因

2012年，青岛在全国率先实施医疗护理保险，原因有三：一是社会性住院问题严重，长期住院护理的老人占用了大量医保基金；二是生病老人因为各种原因住不进医院，而住到养老院又不能享受医疗护理；三是完全依靠家庭成员养老有一定风险，很多老人家人没有发现就去世了。于是，2005年，青岛开始实施社区老年医疗护理和家庭病床制度。社区老年医疗护理，是指由社区医保定点老年护理机构为在本机构住院的老年医保患者提供的医疗护理；社区家庭病床，是指由社区定点医疗机构定期到医保患者家中巡诊。2011年，青岛考虑到生病老人在医院的护理需求，又将老年医疗护理扩大至二、三级医院，将其命名为"医疗专护"。2012年，青岛签约家庭病床的社区平台由最初的30多家发展到300多家，签约医院由原来的3家发展到十几家。

2. 青岛将失智老人纳入护理保险范围

2017年1月，青岛针对失智老人建立了"失智专区"管理模式。管理分为三类：一是长期照护，长期照护是指失智老人入住"失智专区"24小时接受在院照护服务，该照护类型主要是为了解决家庭照料者全天24小时均没有照护能力的问题；二是日间照护，指的是失智老人在"失智专区"接受日间照护服务，主要是为了解决部分家庭白天无人看护老人问题；三是短期照护，也称"喘息服务"，该服务主要是为失智老人提供短则几天长则几十天的全天候照护，目的是为长期照看失智老人的家庭照料者提供喘息休整机会，缓解长期照护压力，原则上喘息服务的期限为一个年度不超过60天。

3. 青岛医疗护理保险的制度设计

青岛医疗护理保险的资格准入，有三个门槛保证。待遇申请者不仅要满足 ADL 量表的分数要求，打分 55 分以下的才可以接受医疗护理服务，而且还有相应的疾病史和医疗消费史。结算上为定额包干，例如，当前医疗专护待遇 170 元/天。经过多年测算，这样的报销水平基本可以满足老年人的医疗护理需求。老人护理，每天 40 多元的费用即可，现在标准是 65 元/天。家庭护理 50 元/天，也是可以覆盖服务机构的各项成本的。制度运行保证：手机 App 等移动终端的开发。在 4.5 万受益者中，有 1.2 万人有尊严地离开了世界，死亡率为 30%。

（四） 青岛实施医疗护理保险的积极意义

一是护理保险制度培育了护理服务市场。青岛因为政策的引导，撬动了市场资源。很多外资企业和房地产企业投到青岛养老事业中，目前已经培养了 600 多家护理机构，最新统计显示 91% 的私立机构承担了 98% 的护理服务。青岛护理服务体系的建设比其他城市要完善。农村也不例外，青岛农村有 356 家村卫生室承担了巡护服务。

二是护理保险制度优化了医保基金的使用效率，避免了社会性住院，很多老人自动从 ICU 病房搬出来，ICU 病房一天的医疗费用高达上万元。据测算，青岛目前累计支付的 12 亿元的护理保险基金，共计购买了 2100 多万个床日护理服务，对比显示，同样数额的基金只能购买二、三级医院 140 多天的住院服务，基金使用效率得以提升。

三是失智专区的设立为失智老人的养老提供了便利。失智专区的设立不仅为失智老人提供了养老场所，而且提高了护理机构对失智老人的服务质量。失智专区设立后，护理机构不像过去简单地对老人进行"看管"，而是加入了更多人性化、情感式的照护服务。

（五） 青岛护理保险下一步工作安排

未来，青岛的长期护理保险制度计划多渠道筹资。事实上，青岛市之所以能最早建立医疗护理保险制度,与医保基金结余有关。但长期看,此前的筹资模式不可持续,所以未来青岛的护理保险制度计划多渠道筹资。下一步,财政预计每人每年补贴一定额度,单位也要缴费。实际上,中国政府对老人的投入都是碎片化的,如果资金整合起来,地方都不用单独筹资,基金整合就可以满足融资需求。

而且,青岛计划把所有人员的生活照料纳入进来,建立一个独立的护理保险制度。青岛选择采用美国的 CASE 模式,也就是由一家服务机构负责提供包括生活照料、医疗护理等在内的全方位的服务项目,也即"全人全责"的护理模式。

再者,对于延缓失能失智,青岛计划出一个预防模式。

青岛计划未来的护理保险制度将建成一个"医、养、康、护、慰"相结合的制度。这里的"医"不是指医疗,而是以维持老年人健康为目的。"养",就是生活照料,但服务内容也是家庭或护工难以完成的服务,例如为一般老人剪指甲,可以由家庭完成,就无须购买。借鉴上海的生活照料服务包内容,助浴是一个非常受欢迎的项目,因为为患病老人洗澡是一项非常专业的服务。

由于生活照料和医疗护理密切相关,所以计划一个机构对应一个老人,钱给一个机构,由机构来自由支配,这里机构也可以购买护工服务。

在支出上,青岛计划将家庭工作人员及护工的培训作为护理保险基金的支出方向之一,因为制度是不可能替代家庭的。

（六） 交流与沟通环节

Q 表示调研组提出问题,A 表示被访对象做出解答。

Q:新制度的构建思路具体是怎样的?

A:我们初步计划按小时支付,待遇有最高限度。我们要做一个评估等级的分级。

A：青岛市目前一天护工的费用大约是 220 元，一个月的护工服务费大约为 6500 元，如果全额支付护理保险是难以承担的，因此政府的责任一定是有限的。根据我们测算，制度可承担的报销水平是，失能最严重的老人一个月的生活照料费用报销 1500 元/月（按每周 7 小时计算），同时假定医疗护理报销 1200 元/月（40 元/天 * 30 天）。

Q：青岛目前的失能率为多少？

A：青岛的失能率大约为 6.06%，也就是重度失能和中度中的重度失能人数占 60 岁以上老年人口的比重。具体到重度失能率，约为 4.6%，2.2 万受益人数除以 48 万 60 岁以上老年人人口数。

Q：青岛未来制度的筹资水平将如何确定？

A：筹资方面，青岛当前的居民医保基金出现亏空，因此初步计划在职工医疗护理服务这块儿，将生活照料费用报销纳入进来。据测算，对保障对象每周提供 3 小时、5 小时、7 小时等不同时长的护理服务，人均筹资再增加 120 元/（人·年）就差不多了。假定其中财政负担 30 元/（人·年），剩余 90 元左右由个人账户筹资。这里没有提及单位缴费，我们未来也计划由单位缴费，但单位缴费部分暂由医保基金支付。

Q：家庭人员和护工的培训费用，能不能考虑由其他机构负责？

A：可以，这是个不错的建议。

Q：测算部分，我们想了解一下。

A：2012～2017 年，我们的目标群体是非常明确的，针对的是重度失能人员和中度失能中严重一点的老人。我们的保障范围大概是 5.5%，每年职工享受待遇人数为 2.4 万人。日本、德国大致是百分之十几。

未来制度将生活照料部分叠加进来，失能等级需要进行相应调整。未来制度的目标群体,仍然是完全失能人员。

A:等级评估方面,当前我们是根据 ADL 量表评分,同时参考参保人一年当中的医疗疾病史(例如是否患过规定的大病)和医疗消费史。

A:我们的资格审查流程包括初审和复审,让参保人上传照片。一些不合格的机构,会受到惩罚,去年我们就终止了五六家机构的服务资质。前几天,我们又约谈了六家机构的负责人。青岛市参保人的申报通过率大概为 70%。

Q:青岛目前制度上还有哪些人群是覆盖上的空白?

A:高龄老人和失独人群。

A:各地试点政策五花八门,南通由于缺乏居家服务能力,就发放现金补贴。

Q:我们是抱着学习的态度来调研。思考几个问题。第一,长期护理保险首先是保险,国家试点长期护理保险的目的是参保人有权利和义务享受长期护理服务,所以筹资问题需要考虑。第二,国家一旦开始正式实施制度,青岛的需求评定标准和国家不一致怎么办?例如受益人数不再是 2.2 万,而是 3.2 万怎么办?第三,因老失能的老人,如何进行保障。青岛目前的保障对象主要针对的还是因病失能老人,功能性失能或因老失能的老人青岛在支付待遇时还没有考虑进来,实际上功能性失能的概率大于因病失能。第四,青岛可以参考其他试点地区的经验,多去调研学习一下。第五,就待遇水平来看,长春水平最高,其次是青岛。第三是上海。第四是南通。第六,我们在有些支出上,如养老金,超过了高收入国家,所以待遇水平不能做得那么高。青岛在待遇支付上的基本思路与这点是符合的。第七,在制度设计上,要考虑制度激励性。

Q:保险公司参与经办的深度?

A：保险公司主要负责资料审核，即初审，以及协议管理等经办管理过程。我们目前是薄本微利。当前整个队伍有 22 个人兼职做这项业务。

二　青岛长期护理服务情况

（一）　青岛福彩四方老年公寓的基本情况

青岛福彩四方老年公寓成立于 2002 年 9 月，隶属青岛市市北区民政局，属于非营利性福利机构。公寓总建筑面积为 11600 平方米，总床位有 430 张，其中失能、半失能老人占入住老人总数的 65% 左右。老年公寓自 2002 年成立以来，最初 8 年的营运一直亏损。2010年 4 月，老年公寓成立青岛市北众和门诊部，有了医疗服务业务，公寓逐渐开始盈利。门诊部现有医护工作人员 29 名，同时配备全自动生化分析仪、血细胞分析仪、尿液分析仪、无创呼吸机、心电监护仪、便携式 B 超等多台医疗设备。门诊部自 2010 年 5 月起成为医保定点机构，现承担门诊大病、门诊统筹、院护、家护以及失智专区照护等多项医保业务。

作为一家企业，老年公寓要考虑企业的发展方向，积极向二级医院学习，逐步探索医养结合的可适路径。

（二）　福彩四方老年公寓开展护理保险业务的情况

1. 失智专区的具体情况

青岛市北众和门诊部作为青岛全市六家失智照护专区之一，前期开设失智床位 27 张，失智专区设立在公寓 5 楼东区，现收住失智老人 15 人,其中 12 人已经享受到了护理保险待遇,其他 3 位老人的待遇申请事宜正在办理当中。

有了失智专区照护政策后,老年公寓敢于接受失智老人了。失智老人发生生命风险的概率很高,因此在青岛没有失智专区照护政策之前,老年公寓不敢承接失智老人这块儿业务。

为提高员工素质,公寓自掏腰包培训学员学习失智老人照护知识,人均培训成本 4 万元。我们相信失智老人照护服务是很有市场的,计划下一步成立失智老人照护中心。

收费方面,失智老人收费按照失能老人的收费标准进行。

2. 医护人员配备情况

目前,老年公寓有 77 位老人享受院护待遇,为了使院护和失智老人得到优质的医疗护理服务,老年公寓配备了 8 名医生、14 名护士、3 名康复师和药师以及 102 名护理人员。目前,院护区的护理人员与老年人数的比例是 1∶3,失智专区护理人员与老人数的比例是 1∶2。

3. 护理保险的积极意义

青岛长期医疗护理保险的医保政策加上市社保局工作人员的支持,不仅满足了老年人的基本医疗和生活照料需求,还使老人的生活质量有了很大提高。长期医疗护理保险的实施不仅方便了公寓入住的老人,还减轻了老人及家属的经济负担,免去了老人及家属往返医院的奔波劳顿,解除了家属的后顾之忧。

(三) 青岛言林博组客提供居家护理服务的情况

博组客是营利性机构,其核心业务是居家护理服务,服务模式以护士上门为主,护理员上门为辅。这种模式是从荷兰博组客居家照护福利公司引进的。荷兰博组客是欧洲最大的居家养老服务公司,现有员工 2.2 万名，目前是欧洲最大的成长最快的一家公司。博组客进入上海已经三年了，2015 年青岛也积极与该公司洽谈，2017 年 5 月 16 日第一家言林博组客居家护理站在青岛正式挂牌。公司的运营模式是以医院带动养老院，依托的医院为言林健康。这是一家拥有 20 年历史的老牌私立医院，拥有床位 1500 张，2013 年进入养老领域。原来公司发展注重机构护理，现在开始注重居家护理。

言林博组客之所以能做居家护理这块儿业务，首先，青岛市的医保政策有家护服务项目，每月可为老人报销 1500 元的医疗护理费；其次，公司拥有荷兰博组客的先进管理模式，不仅有智能化的管理平台，而且实行扁平化管理；最后，言林有医院做支撑，公司有医养结合的经验。

公司还成立了言林博组客诊所，并成为青岛护理保险定点签约单位。目前诊所一个团队有医护人员 10 名左右。工作的难点：一是收费问题，担心收费高，老人难以承受，但有了护理保险的报销，可以解决该问题；二是成本和服务倒挂，按照现在的情况，只有达到 100 个护工、1000 名服务对象时诊所才可以盈利，目前我们还达不到这样的规模。

（四） 交流与沟通环节

A：我们现在也在培育这个市场，其实公司真正建立起来，有很多难处，我们一起帮助他们渡过难关。杨会长也对公司进行大力支持。

A：制度对我们企业支持很大，没有制度，我们每照顾一个老人就赔一个，尤其对于失智老人，制度的帮助更大。

Q：每个顾客差别很大，有的需要透析，费用很高，你们怎么平衡？

A：这个不在我们医疗护理报销范围内，透析是医保报销，医疗护理主要是常规检查、换药等基础护理，包括下一步要纳入进来的生活照料。急症的话，需要治疗、透析，就要走医保。我们是跟着人走，例如工伤期间，不能发生医保费用。工伤结束以后，需要治疗就又走医保，工伤待遇就终止了。我们看重博组客，就是因为其先进的管理模式。做养老这一行业的，都是有大爱情怀的，所以，我们非常支持他们的工作。

Q：对于老人收费（床位费、伙食费等）上，会有区别吗？都是一个月 3000 多元吗？

A：机构会根据老人健康情况进行区分，费用会有差别。

长春"失能人员医疗照护保险"
制度试点调研实录摘要

2017 年 6 月 9 日上午，调研组来到长春市社会医疗保险管理局，与该局主要领导和业务人员进行座谈。2017 年 6 月 9 日下午，调研组来到长春市上台村祥祉圆养老社区，与多家养老服务机构负责人就医疗照护险的政策实施情况进行了座谈。

一　访谈实录摘要

Q 表示调研组提出问题，A 表示被访对象做出解答。

（一）长春市医保局访谈

Q：长春医疗照护险是否有基金压力？

A：当期职工医保照护险基金结余 8.5 亿元，居民医保照护险基金结余 1.8 亿元。尽管目前医保基金结余充足，但由于失能者存活时间不确定，担心随着覆盖人数的增加，未来支付压力会很大，因此需要稳定的筹资和财政补贴机制。

Q：医疗照护险实施后，床位和护理服务价格如何变化？

A：医疗照护险对待遇接受者按床日付费，所以不仅没有拒收失能人员的现象，医疗机构还拿出医疗病床转为长护病床。制度实施后，护理费上涨了，大约从平均每月3000元上涨到5000元。

Q：医疗照护险现在覆盖的范围有多大？

A：因为医疗保险基金是市级统筹，长春医疗照护险目前只覆盖市区范围。长春医疗照护险定位在"一人失能全家失衡"的群体。目前没有覆盖居家，主要是考虑到过松的覆盖条件会使申请人数大增，基金压力大，此外，民政的高龄补贴可以部分满足居家生活照料需求。

从覆盖人群看，长春医疗照护险覆盖城镇职工和城镇居民两个群体，两个群体的医疗照护险基金分开运营。从保障范围看，既包括长期失能人员，也包括短期失能人员。

Q：对短期失能人员的照护如何提供？

A：短期失能人员主要是急症、重症患者。制度设计初衷是要覆盖整个人群的基本生活照料，但由于这些人大多是重症监护对象，生活照料服务难以输送（例如，无法进入ICU提供生活照料服务），故待遇享受人数有限，目前仅有107人享受了短期失能照护，而且这些人都不是老年人。

Q：长春重度失能老年人口占总人口的比例是多少？

A：目前是估算值，大约是0.5%，根据全国老龄办和台湾长护制度的经验预估，下一步待长期护理需求认定和等级评定标准统一后，方可准确测算失能率。

Q：目前的主要困难有哪些？

A：服务监督很难，下一步也考虑通过政府购买，引入商保机构的经办服务。

（二） 服务机构座谈

下面是各家养老服务机构负责人介绍服务提供情况和提出的建议。

1. 长春祥祉圆养老社区

长春祥祉圆养老社区内建筑包括 1 栋护理大楼（内设康复机构）和 5 栋老年公寓（四合院规划），4730 张床位，于 2016 年下半年开张。目前入住的享受医疗照护险的失能人员有 200 余人、低保零自付的有 20 余人。低保零自付是长春市实行"暖流计划"时的规定。护理人员与失能人员比例为 1∶3，护理人员工资约 4000 元。一个标准间（约 30 平方米、独立卫生间）收费大约 4000 元/月（含伙食和护理费）；零自付区 4~6 人一间，为生活不能自理的完全失能人员。针对不同护理等级（自理 1 级、普通护理 3 级、专门护理 3 级、特殊护理 3 级，每三个月复评一次，并没有评分标准，只是用于自评以确定收住时的定价），订立了包含 10 多个项目 22 条规范的服务标准，入住时需签订 20 多页的协议，以免护理纠纷。

目前医疗照护保险未覆盖半失能、精神残疾（老年精神分裂症、老年人抑郁症，需要设立专区）和失智人群，应将覆盖面扩大到这些群体，而且适当提高失能评分门槛，将目前的 40 分标准向上调整，否则失智群体很难被覆盖进来。

2. 长春市绿园区纺织佳园温馨养老院

养老院收住的全部是失能人员。护理人员与失能人员比例为 1∶4，护理人员月平均工资为 3000 多元。长期护理保险实施之前最多收住 30 余人，到 2017 年已经扩充到近 150 人，平均年龄在 80 岁以上。这些人大多数退休早，退休工资不到 2000 元，护理险承担了几乎所有的入住机构费用。通过区老龄委集体购买意外险，50 元/份、最多每人可购买4份，最高赔付20万元，由中国人寿承保，要求家属必须为老年人购买，否则不收住。

建议商业机构开发面向养老机构的责任险。

3. 长春市南关区怡康园老年公寓

公寓是拥有130余张床位的中高端（每人每月费用6500元，照护险对象可报销3000元）养老机构，2014年12月起运营，目前入住率为90%，入住50余人（其中20多人享受医疗照护险待遇）。护理人员与失能人员比例为1∶3。公寓为服务人员提供食宿、日用品、工作服，工资3500元以上（人工成本占总成本的55%），养老院物业属集团资产，年折旧费20多万，34名员工中70%是大专及以上学历、50%以上拥有本科和研究生学历（三个月培训期、职业规划－培训团队）。

4. 倚水佳园老年护理院

护理院已有6家连锁，其中4家是借助照护险相继建立，收住的都是全失能老人，共500余张床位，入住率为95%以上。护理服务分为标准护理和特殊护理（临终关怀的比重高）。护理院内设立医务室，但不是医保定点机构，遇到的实际问题有：（1）医务室对失能老人进行临时抢救，机构垫支、花费高（建议可预收款，祥祉圆养老社区向每位入住老人收取5万元预付款，每月从预付款中扣除相应花费）。（2）收住医疗抢救后的失能老人，耗材消费高，自付压力加重。

二 书面调研摘要

为了更加具体地了解长春市医疗照护保险制度出台的背景和实施情况，调研组向长春市医保局发送了书面调查问题，得到该局领导的大力支持，及时、详尽地逐一给予解答。下面是调研组提出的主要问题及医保局的答复。需要说明的是，未免重复，这里省略掉数据表格，读者可从调研组提交的"长春市医疗照护保险调研分析报告"中获取。

Q：长春市的失能率（符合待遇资格的老年人占当地老年人数的比率）是多少，如何测算？

A：是根据2011年全国老龄办发布的《全国城乡失能老年人状况研究》，我国完全失能人口中，轻、中、重度分别占84.3%、5.1%和10.6%。根据上述判断标准，以及长春市目前的参保情况进行测算，根据完全失能老年人中"重度失能"老人的占比情况及老年人日常生活自理能力分布比例，推算出长春市未来10年60周岁以上老人不能自理中重度失能人数。

另外，参照我国台湾地区2009年制定的《长期护理保险发展规划》，考虑到居家和社区护理费用主要是服务人员工资，机构护理费用既有服务人员工资也有设施购置和使用费用。按照上述测算标准，考虑我国实际入住机构等多种因素，测算重度失能人员中入住机构的比例为56%左右。

Q：试点以来的制度覆盖人数、符合资格的人数、受益人数有多少？

A：长春市职工医保和居民医保参保总数是407.2万人，其中参保职工161.4万人，参保居民245.8万人。制度设计考虑职工和居民同时参保，既保障长期失能人员又保障因病短期失能人员。根据2014年数据测算，每年有大约9万人次入住医疗机构并需要一级护理，测得重度失能7162人。

长春市失能人员医疗照护保险制度实施两年多来，社会各界空前关注，截至2017年5月，全市共有长期照护定点机构35家，短期照护定点医院 18 家，医疗照护费用总支出近 9400 万元，其中照护保险基金支付 7500 余万元，占比为 80%，共有 3282 人享受照护保险待遇。

Q：长春医疗照护险的待遇给付标准如何？

A：考虑到失能人员多数为长期患病、年老体弱、家庭经济负担较重的情况，照护保险的补充比例高于基本医疗保险，例如，入住定点养老照护机构的参保职工最高按 90% 补偿，参保居民最高按 80% 补偿。85 周岁以上 90 周岁以下未完全失能老人，入住定点养老照护机构的床位费给予 50% 补偿；90 周岁以上（含 90 周岁），部分失能和未失能的按照现行标准的 70% 享受待遇。基金支付范围包括在定点养老机构发生的符合规定的床位费、护工劳务费用、护理设备使用费、护理日用品费用等。

照护保险基金实行床日定额包干，每日定额标准是 97 元，另外对使用一次性耗材的每日增加 10 元。医保经办机构与定点照护机构实行协议管理。

Q：医保基金结余情况、长期护理保险筹资、给付规模以及对未来的预测情况如何？

A：着眼于可持续，应建立来源稳定、渠道多元的照护保险筹资机制。照护保险基金来源主要有三个。一是基本医疗保险基金，职工医保主要通过调整基本医疗保险统筹基金和个人账户结构方式筹集，将医保统筹基金划入个人账户的 0.3 个百分点和个人缴费的 0.2 个百分点，分别划转至照护保险基金账户中，以 2014 年收入测算，可筹集资金 1.625 亿元；居民医保按每人每年 30 元标准从居民医保基金中提取，按 2014 年缴费情况，可筹集资金 0.45 亿元，合计每年大约筹集 2 亿元。二是财政补助资金，照护保险具有公益性，各级财政应予以适当补助，补助金额可视每年照护保险基金收支情况确定。参照

目前长春市养老和医疗机构的收费标准，2015 年测算预计支出 1.25
亿元，按此标准推算，2016～2020 年平均每年支出 1.6 亿元，这样每
年基金收支平衡，略有结余。三是从基本医疗保险统筹基金历年结余
中一次性划拨 10%，作为照护保险的风险储备资金，职工医保可筹集
3 亿元，居民医保可筹集 0.6 亿元，合计能筹集 3.6 亿元。

Q：长春医疗照护险面临的主要问题和政策建议有哪些？

A：存在的主要问题有 4 个。一是没有专业机构对失能人员的生
活能力进行权威鉴定，导致失能人员生活能力认定不够严谨。由于
ADL 量表的项目分值较宽，受评分人员受人为因素影响较大，容易导
致对失能评定的不准确。二是缺乏专门的监管队伍，对医疗照护保险
的日常监管存在不足。入住到养老机构享受照护待遇的老人，有些不
是卧床的由家属临时接走回家，这种情况如果养老机构不上报，就目
前以抽查为主的监管模式，我们很难发现问题，容易造成照护保险基
金浪费。三是没有建立稳定的筹资机制和财政补贴机制。长春市目前
照护保险资金的来源都是医保资金划拨，个人不缴费，财政也没有稳
定的补贴制度，短期内制度运行可以，但长期来看风险较大。四是照
护保险保障范围还较小。长春市照护保险制度目前只保障入住养老照
护机构的重度失能人员和高龄老人，对于中度失能人员和居家养老的
失能人员还没有纳入其中，在资金承受范围内，逐步扩大照护保险享
受待遇范围和人群。

下一步的工作和主要建议：一是建议从国家层面增加医保经办人
员编制，加强专业的失能人员生活能力评估及监督管理队伍建设；二
是应建立稳定的筹资机制和财政补贴机制，使医疗照护保险可持续发
展；三是研究将入住养老机构的中度失能人员和居家养老的失能人员
纳入照护保险保障范围。

Q：长春长期护理床位的使用情况如何？

A：目前有长期护理床位 14757 张，享受待遇的为 29258 人次，享受待遇人数达 3175 人。

Q：长期护理与医疗、长护险与医保之间如何衔接？

A：长期护理险（长护险）在待遇享受过程中，不可同时享受住院医疗待遇，只有在办理照护险终结后，才能享受住院医疗待遇；长期护理险在待遇享受过程中，可以同时享受门诊医疗待遇，采取医养结合方式，保证基本用药及康复治疗。

南通"基本照护保险"制度
试点调研实录摘要

2017 年 5 月 15 日，课题组对南通市长期护理保险运行情况进行了调研。走访了南通市长期照护保险服务中心、市人力资源和社会保障局、护理院等，调研的内容包括试点方案的内容、政府责任界定、商业机构参与、护理机构选择、长期护理需求认定和等级评定、长期护理需求和购买能力等。调研方法采取集体座谈和个别访问法。

一 南通基本照护保险实施情况

Q：长期照护保险（简称长照保险）相对其他五大社会保险受益人数较少，风险发生比养老保险还晚，这就涉及一个长期的风险保障机制设计问题。我们应采取何种制度类型？在供给侧改革背景下，社保缴费降费的压力特别大，再建立一个强制性险种压力更大。同时还要尽量避免 25 年前养老保险、医疗保险碎片化起步遇到的问题。

A：我们始终将增进公平正义、促进全民共享作为社保领域改革的宗旨。南通先后建立职工医保、家庭病床，将护理院纳入基本医保定点范围，在全国较早启动长期照护保险制度规划，并于 2015 年上半年提请市政府出台《关于建立基本照护保险制度的意见（试行）》，于 2016 年 1 月 1 日起全面实施以居家为基础、社区为依托、机构为支撑的医养结合、医护结合的基本长期照护保险制度。目前，基本长期照护保险制度已经实施一年半，试点成效开始显现。前不久人社部领导到南通调研长照保险实施情况，给予高度评价，认为这项制度在南通找到了一个较为完整的体系，可以成为我国"第六险"、中国第三大险。南通市区（崇川区、港闸区、开发区）120 万职工医保和居民医保参保人员全部纳入了长照保险，享受到长照保险待遇人员目前有 3373 人，基金支出 1000 多万元，居家上门服务满意率达 96% 以上，促进了医护资源的有效利用。下一步计划将推进居家上门照护服务作为推进长照保险服务品牌的工作着力点。目前正在着力培育一批有实力的照护公司，壮大照护服务专业人员队伍。政府一方面加大资金支持投入，另一方面鼓励社会资本进入。

A：南通户籍人口为 730 万，老龄化率为 27.31%，在全国地级市中老龄化最高，高于全国大约 10 个百分点。正因为老龄化比率高，老年人口失能比率也相当高，社会压力比较大。从 2013 年开始市政府做了一些调研，提出如何应对老龄化课题。经过两年的调研，2015 年 9 月提交市政府建立基本长照保险制度的建议，经常委会讨论出台了目前的长期照护保险政策，2016 年 1 月 1 日正式实施。在政策出台前市局到青岛进行了调研，学习了青岛的一些经验和优点。但我们觉得（按青岛模式），单纯从医保基金融资，制度缺乏可持续性，所以决定按照一个单独险种建立长照保险，按照社会保险"第六险"的原则设计制度，定位是保基本。第二个原则是可持续，量力而行，待遇水平逐步提升，多方多渠道筹资。长照保险与医疗保险的关系是相互独立，相互衔接，分类管理。第三个原则是以收定支、略有结余、收支平衡。所有的政策设计，包括筹资、待遇享受都是按以上社会保险设计原则进行的。

覆盖情况。长照保险制度首先从南通市区开始实行。城乡一体化统一纳入参保及保障范围，在统筹范围内人群全覆盖，目前拥有112万医保参保人员，包括70万职工，其余为居民。

筹资情况。基金筹集起初有两种方案，最初是人均每年200元，后经与财政部门商讨确定适当降低费用，后来采取低水平起步，逐步提升方案。筹资标准暂定为每人每年100元，该数据是根据受益人群经济情况反推的。当时也没做过失能统计，而且人社部门和民政部门也没这方面数据。无锡市做了抽样调查，推出的失能率占全体人员的4%～5%，南通以此为参照。照护费用按每人20000元/年测算总支出，从而确定这个100元的缴费，让企业承担似乎有难度。当时也考虑过将养老、医疗等费率下调转到长照保险，但最终没有采取该方法。而不采取其他险缴费转移，单纯增加1%～2%的长期照护保险缴费的方法更不可行，所以采取了政府每人补助40元，医保统筹基金每人30元，个人每人缴纳30元的方案。其中，医保统筹基金划拨具有过渡性，随着个人缴费和财政补助标准的提高，将逐步降低直至取消。之所以在长照保险建立初期划拨医保基金是因为考虑到长照保险可以降低长期反复病人的住院率，虽然没有算过净减少的账。职工个人缴费直接从医保个人账户划转，居民个人缴费在医疗保险缴费时一起收，然后划入长照保险基金。未成年、学生、低保家庭、特困职工家庭、1～2级重残人员财政给予全额补助。这样财政在融资中的比例大概为50%，约为5000多万元，其中福利彩票基金2000万元。总体看，制度建立起来后，资金不大，收缴难度也不大。

待遇情况。由医疗机构照护的重度失能人员每月1500元，中度失能人员每月300元。由养老机构照护的重度失能人员每月1200元，中度失能人员每月300元。居家照护是重点，重度失能人员原来有两个服务包可以选择，2017 年 6 月 2 日以后扩展成 6 个（安康 1 ~ 2，护康 1 ~ 4，价格在每月 470 ~ 500 元之间），中度失能人员暂时不能享受居家套餐服务。目前有 3072 人享受居家照护待遇，标准为每人每月 450 元。

失能评定情况。采取 barhel 指数评定活动能力。目前只有 18 个评定人员分为两组上门评定，也不可能集中评定，工作繁重，通过率在 90% 左右。根据 barhel 量表评定，目前有 3072 人享受居家照护，400 ~ 500 人享受机构照护。制度运行采取购买服务方式，政府采购中心通过招投标确定 4 家保险公司参与经办。

Q：请详细介绍一下护理鉴定的做法和运行情况。

A：劳动能力鉴定中心一直负责劳动能力鉴定，有一定的工作基础，包括专家资源，因此协助医保中心进行护理鉴定工作。我们通过调研决定采取 bathel 量表。这是一个国际通用标准量表，包括穿衣、吃饭、控制大小便等 10 项，每项都有标准的分值，总分 100 分。得分 50 ~ 40 分为中度失能，40 分以下为重度失能。

鉴定专家采取先报名、市长照保险服务中心遴选机制，聘请的专家都是主任和副主任医师。鉴定工作的程序是由长照保险服务中心根据申请提前一周安排专家登门鉴定。目前共有两个鉴定组，每组包括 1 ~ 2 名专家，一辆车和几个工作人员。工作人员会根据小区地理位置、病情相似、科目相似情况规划路线，半天可以鉴定 7 ~ 8 家。

由于入户鉴定免费，制度刚推出时鉴定费用过高是我们担心的问题。应对措施包括，政策上规定居民在向长照保险服务中心提出失能鉴定申请前首先由社区把关，培训长照保险服务中心前台工作人员，使其可以对较轻病人建议其不要申请建议，因此鉴定费用控制比较理想。目前鉴定情况是重度通过率为 85%，50 分以内的达 95%。鉴定工作的主要是居家照护入户鉴定。护理院方面，由医保中心与其签订协议，组织专家不定期到护理院抽查。

Q：居家鉴定需要多长时间？有没有矛盾？

A：根据具体情况差异较大，比如说植物人，1～2分钟就完成了，有的要求病人下床走路，并向病人及家属询问，就像临床上的诊断沟通，时间就比较长了。我们还有一个做法从进门到离开全程录像，也有家属对鉴定不满，但全程录像便于审查。

A：在鉴定过程中有诚信压力、社区监督、既往病史三个环节保证准确，这是我们不收费但鉴定通过率高的原因。第一，个人诚信是指在申报鉴定中病人和家属要按诚信要求如实申报，万一将来出现鉴定结果与实际差异较大，诚信就会受影响。第二是发挥社区监督的作用。一个人的失能情况是瞒不过社区的，社区对失能家庭的了解是权威而全面的，如果一个失能人员鉴定为不能下楼，而他三天后就下楼，一查就查出来了。第三个监督是既往病史。一个失能人员不可能不接触医疗，接触医疗就会形成既往病史。我们重点查1～2年的既往病史，可以作为判断病人失能状态的一个依据。一般来说医生不会就既往病史做假。做好以上三个环节，监督就做得较好。

我们的鉴定是不收费的，按道理讲通过率不应该这么高，刚才已经说过高到80%～90%，主要原因就是把好了这三个环节。老百姓是通情达理的，如果他觉得离获得待遇的差距较大，一般不申请。这一方面节省了鉴定成本，另一方面减少了社会矛盾，若大量的人通不过鉴定会产生很大的负面影响。实践证明效果不错，到目前为止还没出现一件因鉴定引起的投诉。

鉴定工作的真正难点是没有适合国情和南通需求的官方的、权威的、统一的标准。我们采取bathel量表简便易行，但和我国国情和南通标准还是有较大差异。工作有两条道路，一是坚决执行它，二是修改完善它。这两条路对南通市来说都会带来麻烦。坚定执行，面临一些国内外相对差异问题,修改完善它,则需要组织一批专家,而且是著名权威专家,一个地级市对一个国际标准修改完善难度挺大。这个工作应交给人社部相关专业委员会完成。目前青岛、上海、北京、南通试行标准都不同,标准之间没有互通,比如说上海的二级和南通的二级差异很大。从养老保险和医疗保险经验看,试行期间一个基本的标准还是很必要的。如果将来15个试点出了15个鉴定标准,长期照护保险如何全国推进?

Q:机构照护工作由谁提供?

A:长照保险实施的一个关键要素是服务能力,否则老百姓有保险无法享受服务。医疗保险建立时已经有比较好的医疗服务机构,但长期照护保险服务提供机构还需培育。考虑到这种情况,在长期照护保险实施初期,南通实行以机构照护为主导,以居家照护为补充。原因是机构培育容易,比如南通在实施初期就培育了6家相对规范的护理院,长期照护保险一实施就能提供相对优质规范的服务,老百姓的要求能得到部分满足,对制度就比较认可,制度推广就会容易。随着制度的推进,不仅要有机构服务,还要有居家服务。制度的最终原则还是以居家护理为主,以机构护理为辅。居家服务能力培育相对较难,我们用了半年左右的时间才把居家服务的能力和服务项目制定出来,所以南通将居家服务排在第二步。居家服务能力培育难的原因是我国还没有居家服务标准体系。南通作为一个独立的服务体系,制度建立并不难,但服务能力培育需要较长时间,使政策和市场建立协同关系。政策导向某个方向,市场就偏向某个方向。如果政策方向偏了,市场就会向错误方向发展。实现政策支持、老百姓需求和市场培育三位一体,就是为了防止政策对市场造成误导。我们用了半年多时间提高居家服务能力,形成了一批护理院,民政部门培育了一批其他护理机构,比如养老院,都可直接提供服务。由于没有居家服务标准，政策导向可能会不利于市场培育，例如，如果政策把握不准，规定洗澡服务每人每次 10 元，而洗头每人每次 9 元，洗头就更有利可图，市场就会提供更多洗头服务，而老百姓可能需要的是洗澡。因此，我们将居家服务体系能力培育放在机构后面，利用机构经验，逐步稳妥出台政策，有利于长期照护保险健康可持续发展。2016 年 7 月，根据需求设计的居家服务套餐推出，老百姓对其满意度非常高。应该说这个数字是不太准确的，因为老百姓从一开始没有长期照护保险到有点儿服务，满意度会很高，但随着时间推移，就会发现我们的服务和老百姓需求还是有差距的。将居家服务列为第二步的另一个原因是提高服务的起点，我们没有将居家服务作为探索试验，而是在机构探索基础上制定较高的服务标准，这样就减小了万一实验有所偏差时与老百姓的矛盾。有了机构服务的基础和支撑，并用一年的时间制定推出高标准的居家服务套餐，老百姓对长期照护保险的认可度和满意度还是比较高。满意度用什么标准来衡量呢？目前网络非常发达，一年半来，我们没有发现一起老百姓骂长期照护保险，批评长期照护保险做法和政策的事件。回想前几年做的一个社会保险，收了 6 块钱，老百姓在网上骂了两年半。同样的事情，长期照护保险 2.5‰ 的人享受，100 个人缴费，老百姓满意。原因是长期照护保险实施初期得到机构和居家服务两个体系的支撑。如果没有机构培育先行，制度实施初期就提供居家服务，这是很难的也容易制造矛盾。因为毕竟现在的服务能力和老百姓的实际需求还是有差距的，上海也一样。

南通居家照护服务有一个每天 15 元的定额补贴。这个制度设计似乎不起眼，而且与通常对保险的认识有矛盾，但却是一个非常重要的特色。一般情况下保险基金集团购买服务，但是长期照护保险实施初期很多城市提供不出优质规范的服务。我们提供一个 15 元的补贴，老百姓在缴费后无法实际享受到服务时，可用于购买服务，对制度的抵触就比较少。因此在现有国情下，在照护服务供给能力不足情况下，这个补贴能弥补一些能力不足，有利于长照保险的推行。

另外，长照保险试点一定要稳妥推行。因为试点都是第一个吃螃蟹者，方向错了、反了，或者探索后得不到老百姓认可，一旦老百姓对制度产生抵触，社会认可度很低，将来制度的推行就会遇到很多障碍。长期照护保险推行必须力求稳妥，如果有 1～2 个试点失败了，对长期照护保险在全国推行造成很大的负面影响。毕竟在中央层面对长期照护保险如何去建，由哪个部门去建，以什么方式去建并没有形成共识。

Q：机构照护服务水平高，可以经常多次照护，如果太多人要求机构照护，而不选居家照护，怎么办？

A：长期照护保险采取定额报销，而非比例报销。因为我国没有标准化长期照护保险项目（类似于基本医疗目录），无法做到像医疗保险一样的按比例报销。定额报销的一个好处是弥补国标的不足和项目设计不科学，另一个好处是有利于市场培育，有利于解决个人需求与市场供给矛盾，而且制度也比较简单。在具体操作中，重度失能在机构中的待遇比居家稍微偏高点。因为一个重度失能人员生活完全不能自理，一个保姆是不够的，让他拿一个保姆的工资加补贴能到机构享受到相对高质量的服务，需要政策向重失能人员倾斜，应给予较高的待遇。护理院也是分等级的，价格各有不同，在南通便宜的 2000～3000 元/月，高档点的 7000～8000 元/月。补助是定额的（1500 元），经济条件好就选高档的，自付多一点，经济困难就选便宜的，自付最低 500～600 元。这体现了长期照护保险的保基本原则，也有利于多层次市场培育。如果按比例报销，而非定额补助，花费越多报销越多，老百姓就会挤向高端护理院，那就没有资本投向中低档护理院了。居家的给予一个服务套餐，补贴也低一些。

Q：谈谈南通模式与其他模式的异同。

A：我国长期照护保险有三个模式，上海模式、南通模式、青岛模式。青岛是我国长期照护保险实验最早的城市，其制度应该叫医疗护理保险，而不应该叫长期照护保险。因为青岛完全拿医疗保险的钱，做医疗护理的事情。严格讲它不能提供生活照护。《社会保险法》明确规定医疗保险基金必须用于医疗保险项目。青岛模式的优点是把医疗照护做到了极致，每年拿出3亿~4亿元用于居民的院护、家护、长护等，长期照护保险的受益人基本上是医疗保险的受益人，生活照护几乎没有，所以居家护理不好推行。上海模式是从医疗保险里降了一个点，独立建立了长期护理险，而且以民政为主导建立了一个社会化的鉴定和服务体系。南通模式从制度建设来讲长期照护保险是一个独立体系，主导和协调部门是人社系统，但是具体服务还是由其他专业部门完成的，比如医疗护理体系建设依靠卫生部门、居家服务提供体系建设依靠民政部门。人社部门主要是以保险为杠杆，就是拿钱引导医疗护理和生活照护体系建设。这样既发挥人社部门主导作用，又与其他部门分工合作，充分体现了以保险引导市场的作用。同时南通由社会化独立的第三方负责失能鉴定，人社部门在付钱时对服务的杠杆作用就更大（如果民政部门鉴定就会将服务引向其提供的服务，人社部门拒付面临压力，就不得不付，杠杆作用就小）。其他12个城市中吸收南通模式的居多，比如成都、荆门、石河子。总之，青岛模式与医疗保险关联紧、不独立，上海模式保险的主导作用不强。

Q：目前登门服务人员数量情况是什么样？

A：61人。

A：服务能力是目前的一个短板，最近已经形成培训社会人员计划，逐步壮大服务队伍。前面主要通过机构示范，包括服务流程、标准、套餐的引领。

Q：3000 多人由 60 人上门服务，工作量是否过大？

A：因为今年上半年才开始摸索上门服务。《财经》杂志今年对南通长期照护保险进行了报道，不仅报道了成绩，还总结了问题。服务人员不足就是问题之一。居家服务人员为什么不能尽快增加？关键是在目前条件下，如果居家上门服务力量过大反而适得其反。一是居家上门服务标准很难确定；二是老百姓需求和服务提供能力存在差距，而且服务标准和监管都跟不上；三是服务量突然增加必然使服务质量参差不齐，可能使人们由满意转向不满意。以上三点制约居家服务的扩展，而目前我们并没有很好的解决办法。医疗服务，比如开刀，其服务和费用有一套成熟的标准，但照护服务不行，比如洗澡，如何将具体洗澡服务和费用精准对应？服务机构认为应先洗脸，而家属认为要先洗脚，这两者发生冲突时，谁来做裁判，如何裁判，标准是啥。照护服务价格如何确定有难度，服务价格如何确定（比如一家公司洗澡 20 元，另一家 80 元，但成本、服务内容和水平不同，不能确定哪家更好）。因此上门服务推进不能迅速。

我们在第一阶段是求稳，积累经验。2017 年 6 月开始，第二批套餐推出，从今年下半年开始做量。有前面的经验、标准，做量时的服务质量就相对有保障。如果一开始就把量推动的很大的话，不利于制度发展。下一步我们将套餐分了三个体系。第一个完全共性化套餐是免费的；第二个共性化套餐稍微增加了一些个性化的东西，当然要收费，个人支付 10%，长期照护保险保险基金支付 90%；第三个是个性化服务套餐，在前面两个套餐的基础上更加细化，更加针对不同个性化需求，也有利于发挥不同公司的特长，付费上个人付费比例提高，基金支付比例下调。通过以上三个体系使上门服务既有共性，又有个性。我们的目标是今年年底居家服务面达到 70%，量达到 10 万人次。

Q：在试点中如何解决农村可能的服务不可及和服务质量低问题，就是城乡平等问题？

A：目前南通城乡居民医保已经整合，只有职工医保和居民医保。目前市区长期照护保险已经全覆盖，下一步要到县区试点，但还没确定下来，即使确定了，是全覆盖还是先覆盖职工医保人群，还是全民覆盖由试点区县政府定。如果是全民覆盖农村居家服务成本可能会更高。

Q：咱们重度失能鉴定通过率为90%左右，重度失能人员待遇占基金支出的比例大概是多少？

A：通过率高，但通过人数并不多，按 bathel 量表衡量，重度失能人员不会超过0.3%（人口比例）。对0.3%的人口的支出，还取决于机构和居家照护发展情况。如果机构发展多，居家少，机构费用相对还是高，基金总支出就相对高，反之，基金总支出就相对低。但只要以重度失能为依据，支出总额就不会很高。目前南通3000多失能人员，仅有100多人重度失能。对于重度和中度失能人员基金占比，一是没有这个数据，二是这个数据目前现实意义也不大。基金支出和财务可持续关键是中度失能人员。南通目前的中度失能标准是一个"假中度"，因为按 bathel 量表中度失能是40～70分，而我们是40～50分。为何不一下子放到70分呢？长期照护保险刚起步，50分放到70分，到底会有多少人，到底具体情况如何，我们没有任何基础性资料，鉴定没有任何经验，只能慢慢提高，使长期照护保险科学，可持续。因此，按目前中度失能标准计算中度和中度支出比例说明不了问题。

Q：两个重度失能者评定等级相同，按现行制度其待遇应该是一样的，但护理需求差异可能很大，实践中如何处理？

A：按道理讲不同分值，服务应该是不同的。但目前 bathel 量表将失能者分为轻、中、重,是一个门槛分类,如果我们将重度失能待遇再细分,会带来很多社会矛盾。比如说鉴定过程中区分 10 分和 15 分是非常难的,但待遇一旦拉开,他们会不断提出鉴定要求,鉴定工作量就会很大。我们适当的粗分类,仅有轻、中、重三个,重度的护理基本还是大同小异的,大类划分容易实现社会和谐,过分细化反而可能带来社会矛盾。当然随着社会发展,服务提供多了,国家标准出来了,将来再逐步细化可能更好,但在实施初期不宜过分细化。

A:我们下一步需要更详细研究,同样等级同样分值,失能者的需求确实是不一样的,评定之初专家上门时就要了解这些信息,等服务能力强了以后,能够提供更差异化的服务了,就可以(完全)根据需求提供服务。此外,失能并不代表有相同照护需求,以后进一步差异化、多样化。

A:我们没有把 0~40 分重度失能人员细化,但在具体服务中还是细分的。比如,在护理院 0 分和 40 分的收费与服务还是差异很大的,bathel 量表鉴定解决享受待遇问题,护理院接受病人后,其护理等级、护理方式按长期照护保险标准化服务体系进行细分。标准化服务体系分为 4 大类,其中就有一项就是根据不同人群细化个性化服务。护理院服务采取政府采购形式,基金给机构照护每人每月 1500 元,居家给 450 元,不够自付。

二 南通市某护理院

A:护理院是民营营利性企业。生活护理收费为 3000~5000 元/月,医疗护理由医保基金按每人 90 元/天定额给护理院,每三个月结账。但医保待遇不足以支付护理成本。在每月定额用完后,超额费用就可能由护理院承担，因为生活护理费已经是 3000 ~ 5000 元，以南通目前的收入水平是不可能再有个人支付能力。一层楼配备 1 个医生、9 个护士、13 个护工，人工成本压力很大。目前有 283 人入住，其中 126 人享受长期照护保险待遇。入住人员平均年龄 80 岁以上。护理院实际是按医院的护理标准配备设备和人员，并配有 X 光室、呼吸机等。护士工作量大，很复杂，工资包吃包住 2700 多元/月加 700 多元/月的社保，留不住人。

Q：刚才聊到你们这个护理院是私营机构，这就涉及收入、支出、资本扩张等问题。那么你们是否会扩张成一个连锁店模式？

A：人员难招，政策不到位，医生规培做不到，其职业规划就无从谈起，市场工资标准就这样，公司也没办法做调整，招不到人。

Q：招人是市场行为，价格可以调节供求，价格高的话人员供给会蜂拥而至，你们应该提高劳动价格。

A：2016 年 1 月 1 日起符合条件的人员开始享受长期照护保险待遇，开始时 1080 元、1200 元/月，现在 1500 元/月。长期照护保险待遇只有住护理院才能享受，住医院不可以。病人在护理院需要交 3000 ~ 5000 元，自负 1500 ~ 3500 元就可以入住了，按南通的收入水平看，2016 年的社平工资为 5000 元/月，退休人员平均养老金为 2700 元左右，失能家庭承担得起。从南通长期照护保险与医疗保险的关系看，长期照护保险吸引了病人，西边两层就是长期照护保险出台后从医院转过来的，卧床率达 80% 以上，临终关怀比例要求达 10%，护理院目前是 30% ~ 40%。院方本来可以收一些病情轻的人，但危重和临终病人挤着进来，这些病人照护工作量非常大，实际支出增加，但医保基金对不同病人都是 2700 元/月，不仅不增加，还要降，企业觉得不知向谁说。2016 年，住护理院职工医保基金按 90 元/天限额结算，现在要降到 77 元/天，居民医保要变成 50 元左右每天。

政府应该算一笔账，住在护理院比住在医院节约了多少医保基金。某教授级专家住在南通大学附院护理，一个月5万多元，一个同级别同年龄的老主任住在我院，最高标准就2700元/月。实际上，住在护理院的人越多，医保基金支出就越低，所以这个限额应提高。我院有相当多（临终）肿瘤病人在此照护，按科学标准每天需要3瓶营养液才能满足需要，但1瓶就50元。

长期照护保险待遇设计对护理院来说吸引了病人，但对处于市中心的我院来说，一床难求。长期照护保险要惠及老百姓，也要惠及护理院。目前实际状况是"赔钱赚吆喝"。政府只有在开办时由民政局一次性给开办补贴，财政没给支持。任何行业包括社保，引入私人老板，虽然要控制利润，但（政策）起码不能让它亏本。我院2016年一年一手拿听诊器，一手拿计算器，算好了才能提供服务，超支老板出。南通市所有6家护理院的床位总和不到1000张，护理能力缺口很大。

Q：我院有将近一半病人是享受长照保险待遇的，这些人都是在院内接受服务？

A：南通还有一块特殊的制度，居家照护。由护理院出人出车上门照护，有子女的不一定要来护理院。而且受传统观念影响，很多人不愿送到护理院，居家占比挺高的。上门护理至少需要2个人，骑电动车去，派出去的人都是护理院的护工，每人月工资3500元左右。但护理院上门照护一次可得到125元，太少。

A：关于补贴下降的问题，长期照护保险推出后，医疗保险支付床位费，长期照护保险也要支付，所以折中降了点照护的。

Q：上门什么服务？

A：两个套餐，最近增加到6个。

A：暂且不谈详细的财务核算，目前我们可能费用低了点，慢慢会完善，护理院是否愿意做上门服务业务？

A：护理院愿意做居家照护，只是在做的过程中怎样规避风险？能到护理院做护工的大多是 50～60 岁的老人，90% 以上是农村来的，交通安全问题相应的意外保险（除退休返聘的和县区的都上社会保险）。

A：回应 90 元/天结算下降到 77 元/天的问题。当时只有医保定点的时候医院照护报销是每人 90 元，实行长期照护保险后从 90 元下降到 77 元，但照护待遇总体还是上升的（从 1080 元/月上升到 1500元）。护理院提出的问题也有道理，照护的同志要（向医保）提出这个问题来，毕竟长期照护保险推出的初衷之一就是降低重度失能人员反复住院给医保基金带来的沉重负担。在制度设计中，长期照护保险建立初期要从医保基金里划拨一点，也是处于这样的考虑。但没有一个住院转护理院节约费用测算，总体应减少医保基金的支出。

A：长照保险制度设计是以居家为主的，这是由 9073、9064 养老模式决定的。居家上门服务可能是下一步发展的重点。目前请护理院受过培训的员工去做，主要是探索规范和标准。由于没有经验，在推行过程中套餐标准比较低，一个月四次仅有 500 元左右，护理院有探索功劳。全面推广居家服务时，护理院和社会服务公司都可以提供服务。社会照护公司培育起来后，护理院的优势可能是专业医疗护理更强一些，套餐也会扩展。我们还会建一个服务过程老人发生意外的意外险（责任险）。因为长期照护保险大面积铺开后，意外事故是不可避免的。还有就是服务人员的自身风险问题。南通市对超出劳动年龄的有一个从业伤害保险，保险人是人保公司。从业伤害保险是参照工伤保险的，保费是一年 1450 元，老板可以在社保中心给员工买。

Q：从业伤害保险必须交社保后才能购买吗？

A：不用，这是一个雇主责任险。人保承保，但在社保局窗口就可购买。

A：护理院工作"苦脏累"，找不到年轻人，工资拿到手就 2700 元，4000～5000 元才可能留住人。

A：我们的年轻护士只要医院招人，马上就去考，考上就走，也没办法。我们没法提高待遇，我在护理院多年，每年住的人挺多，勉强能办下去，但只要出一个事故就不行了。老板实际是不可能提高待遇的。去年长期照护保险确实惠及了老百姓，但护理院损失也挺大的。

Q：去年为什么损失很大？

A：因为长期照护保险是补贴给个人的，护理院前期病人发生费用是按 90 元算的，比如他交护理院 3300 元，长期照护给 1500 元，他只需交 1800 元，老百姓省了。但他的医疗护理费用还是那么多，原来医保每天给 90 元（这是多年摸索出来的差不多的标准），长期照护保险出台后，医保基金给护理院结算降到 70 多元了，而且当期费用已发生，所以护理院要出这 20 元。某养老院去年贴了 70 万元。

A：苏州就是因为这个问题长期照护保险迟迟出不来。苏州的护理院标准从原来每人每天 190 元降到 80 元，就是为了建长期照护保险做准备。

Q：有了长期照护保险护理院入住是否多了？是买方还是卖方市场？

A：无长期照护保险时犹豫是否住护理院的人，有了长期照护保险 1500 元就住得起了，想住的人很多。

Q：在长春调研一家养老院，院长是日本海归，员工都是大专以上学历，他们的收入为 6000 多元，南通为何低？

A：护理院对医疗人员配备和设施要求高，跟医院是一样的，运营成本支出大，养老院虽然有一定的护理功能，但较低，其主要成本就是人员。南通某养老院就是这样。

Q：养老院的收费情况？个人支付多少？

A：4000元出头，最多5000元，平均总费用4200～4300元/月。有40～50个失能人员，不能享受医保基金给的77元，护理费不可刷医保卡。但重度失能社保每月给1200元，个人支付3000元。护理院要和医院一样要病例和治疗过程，养老院不用，失能人员直接给定额补贴。

A：对临终关怀病人和肿瘤病人，在定额40元的基础上分别每天加30元和10元，临终关怀病人，去世前最后10天再加30元。

A：上面的补贴标准应提高或延长临终关怀时间，10天太短。

Q：居家套餐规定了服务项目和500元左右的价格，也就是说必须花完这个钱，要是我仅需要其中几个服务呢？

A：套餐已经扩大，但服务不宜太个性化，否则服务机构压力太大。

A：我们对套餐挺满意的。

Q：如果他家完全能承受，政府给450元只是不用白不用，而有的失能家庭，雇保姆的费用就很高，这450元对他们来说作用又不大，如何处理？

A：居家照护一种是家庭条件特别好的不愿住护理院，一种是条件不好住不起机构的。对后一种家庭居家照护来说这450元挺有用的。未来居家服务考虑三个待遇，450元补贴（这是服务能力不足时期的折中）、上门服务费、必要器械费（轮椅、家里适老改造等）。套餐也会完善，逐步增加类似日本的喘息服务。

Q：护理院享受的优惠政策？

A：水电享受民用价格优惠；我院由宾馆改造而成，房租优惠一年100多万（街道的房子便宜点）；目前没有盈利自然免税；租房的建设补贴床位一次性补 7000 元/床；自建的护理院 12000 元/床；补贴对住满 6 个月的病人按人头补贴运行费用 100 元/人。但改造费用基本自负（我院所有投资 4500 万）。社保部门 2018 年后还将给人员奖励型补贴，但金额太少，并不是每个员工都有（最多 8% 的员工可享受），还制造矛盾。

Q：机构的 1500 元是补贴给个人的，如果能来住就会减轻失能人员家庭的压力，对富裕家庭你给他 1500 元，他们没感觉，可否将补人头改为补床头，护理院收一人就给其 1500 元/月。南通有 3000 多人符合资格，假设 1000 人愿意住护理院，她有选择护理机构，这样的话保险是不是就省钱了？

A：南通目前就是补床头。

Q：居家的 450 元如果病人不用于护理，而用于其他消费，比如买牛肉吃可以吗？

A：可以。不监督用途的原因是为了在制度实施初期让老百姓迅速体会到制度的好处，便于以后推广。因为初期服务能力不足，有很多人实际是享受不到服务的，等服务能力起来了就要根据实际发生补贴了（政策文件明确规定只在初期使用）。

Q：居家 450 元，固定几家护理院或养老院，病人有选择权，让服务者之间有点竞争。补贴应根据服务情况支付给护理机构，这样才能培育服务供给市场，不能补人头，对市场培育不利。

Q：南通只覆盖了生活照护，长春只覆盖了医疗护理，我想问机构护理中个人自负中有没有和医疗相关的项目？养老机构只能报销门诊医疗部分，个人医疗支出占费用的比例是多少？

A：照护部分费用向入住者收取（看护和饭），医疗护理按照医保限额（90 元/天）报销，我院个人医药支付平均 300～400 元/月。医疗护理与长照保险是分开的，从实际运行看医保支付限额应提高，起码不要降低报销限额。

Q：人社部政策规定长期照护保险覆盖生活照护及与之密切相关的医疗护理，南通似乎没有覆盖医疗护理。

A：（长期照护）统筹就给你1500元，并没有明确说是用于某个部分，实际上很难分开，护理院可在90元/天定额内从医保报销医疗护理耗材，但养老院不可以，要自己承担。

A：未来居家照护的医疗照护部分也是长期照护保险承担，将从套餐中体现。

Q：随着时间的推移，居家和机构照护的比例目前是9∶1，未来机构市场可能变为8∶2甚至7∶3，那么未来长期照护保险支出是不是会有压力？政府对市场应有门槛资质要求，可参考定点药店让其有限竞争，但又要防止过度商业化。因此，政府要监控好，商业化机构过多会对资金形成挑战，服务端体现为护理院投资越来越大。政府应重视政策对行业发展的影响。政府应根据入住率决定审批，入住率80%就不要再批了，再批大资本就可能通过恶性低价竞争把小型护理院"打死"了，不利于市场培育，但如果现有6家护理院入住率达100%，就再审批两个，防止价格上涨。

上海"长期护理保险"制度
试点调研实录摘要

2017 年 6 月 15 日上午，调研组来到上海市人力资源和社会保障局，与该局主要领导和业务人员进行座谈。人社局详细介绍了上海长期护理保险试点的出台背景和实施现状，并对课题组提出的问题进行了逐一解答。2017 年 6 月 15 日下午，在上海市人力资源和社会保障局工作人员的陪同下，调研组到上海市徐汇区第三老年福利院调研，听取福利院情况汇报，并与社会养老服务机构代表、护理站代表就长期护理保险的政策实施情况进行了座谈。

一　上海市长期护理保险试点背景和基本情况

（一）试点政策的推出

上海从建立起基本医疗保险制度开始，医保基金就为护理院符合条件的项目付款，已经有 20 年的历史。发展至今，长期护理保护（简称长护险）的关键是探索居家照护，现实问题是服务项目和百姓需求有脱节，无法满足连续性服务要求，也不能满足失能人员家政服务类需求。希望上海长护险能为全国颁布统一的制度和标准积累经验。

上海于2017年1月1日正式实施长期护理保险，已经探索半年。上海人口老龄化速度快，而且高龄化程度高于全国平均水平，推行长护险具有必然性。同时，上海经济发展水平较高，为长护险提供了客观条件。2009年上海市相关职能部门就在研究长护险，社会保障局、发改委等部门协同研讨。2013年上海推出高龄老人居家医疗护理，并未设立独立险种，而是在基本医保范围内推行高龄老人居家医疗护理。高龄老人居家医疗护理虽然不等同于长护险，但解决了长护险的短板——居家护理服务。上海的护理病床曾经纳入基本医疗保险，因此长护险的机构护理发展比较成熟。

高龄老人居家护理服务对长护险发展的意义体现在以下几点。第一，与卫计委共同拟定陪护评估标准作为长护险的准入门槛，最大的特点是双盲标准，从2013年发展至今仍在不断完善。第二，培育了两个队伍和两个机构：评估和服务。在评估方面，原来医生具有独立决定权，现在需要经过等级评估，评估由家庭医生负责，有一套家庭量表。在服务方面，制度设立之初上海没有成熟的服务队伍，只能在基本医疗队伍中选择了一家护理站，有一名护士、一名康复治疗师、一名护理员。根据这一现实情况，上海将护理专业人才培养提上日程，社会保障部门与卫计委、民政将医疗护理、养老护理从业人员开发为一个新的职业序列，纳入国家职业资质，并建立健全了培育机制和考核机制。为了保证护理人员的稳定性，上海提升了护理人员的薪资标准，并签劳动合同。护理行业应鼓励年轻人进入，并打通职业发展通道。健全专业化照护队伍后，上海的服务项目扩展到了生活照料：如出行、康复等，促进了失能老人从机构护理转向居家护理。第三，开办网络经办系统，从申报到审批全部实现网上经办。只需申请一次，不需要到服务点。第四，引导开发了针对护理从业人员的综合保险，控制从业人员的意外、健康风险，促进百姓对护理概念的认可。

2015年以来上海为长护险发展做了两点重要准备。第一，推行统一评估体系，将民政的高龄老人居家养老补贴、卫计委的评估、护理院的入院标准相统一，相关评估实现一张表、一支笔、一个卡片完成。第二，重视队伍建设，2015年拟定护理人员发展规划，明确了护理从业人员的目标人群数和今后发展方向，确保有人来、留得住、发展好，重视护理人员的专项能力建设。

经过充分准备，2016年上海建立了保基本的长期护理保险，定位为独立险。长护险的参保人群实现试点地区医疗保险参保人全覆盖。缴费和待遇上考虑双轨制的历史。其中，参加城镇职工基本医疗保险的人群是在职职工缴费，由企业缴纳1%，个人缴纳0.1%。参加城镇居民基本医疗保险的人群是60岁以上老年人缴费，个人缴纳15%，剩余部分由市区两级财政按一比一配比拨款。失能等级评估体系一共分为0~7级，0级为健康，7级失能最为严重，其中2~6级可以享受长护险待遇。上海大力培育社会化评估机构，社会机构能做到量表完善，独立完成评估。政府通过合作供应商选择社会机构签订协议，推行协议化管理。服务机构从医疗机构扩展到护理院、养老机构、社区机构、长者照护之家（短期托养机构）、居家机构。上海大力发展民非机构，社区及居家养老主要是社会办，护理站64家都是社会办机构，政府引导政策出台和给补贴。待遇给付方面，护理机构延续报销的传统，梯度支付待遇，鼓励居家护理。在养老机构中申请护理服务的老年人可报销85%（不含床位费），居家护理服务可报销90%，护理机构中的护理服务可报销92%护理费，以此来鼓励失能人员从护理院流向居家。社区短期服务的报销标准参照养老机构，上门服务参照居家标准。居家服务的标准包括每周 3 小时、5 小时、7 小时。四类人员（护士、养老护理院综合医疗照护员、养老护理员、健康照护员）按照市场标准支付服务价格，从业人员都有国家资格证书，分别为 80 元、65 元、40 元、40 元每小时。在经办方面，上海在原有基础上打造了新的经办系统，涵盖了申请、评估、支付、服务、结算和监管，并打造了专门的监管系统，主要靠"互联网＋"实现监管。

上海选择了三个区徐汇（市区）、普陀（郊区）、金山（城乡接合部）进行试点，重点是试制度、试机制、试运行。从长远目标看，一个是社会化、职业化、专业化评估体系；二是打造多层次服务体系，并实现横向和纵向连接，让医护养打通，百姓满意；三是建立多梯度支付体系，考虑支付比例，支付体系覆盖服务体系，考虑现金补贴和实务补贴相结合，鼓励非专职人员、家庭人员提供护理服务，例如，上海重度失能人员由非专职人员护理一个月后，第二个月可以补贴一个小时的服务或 40 元现金；四是打造全过程信息化监管；五是建立多渠道筹资体系。

上海拟发展多层次的长期护理保险体系，长护险市场为商业保险公司预留了发展空间，长护险只保基本需求，个性化需求交给市场。例如失能老人的家政服务、24 小时服务等都可以交给市场。长护险正式实施以后，社会救助政策也应该根据长护险进行调整，打造"基本保险＋救助体系＋补充保险＋商业保险"的保障体系。

（二） 经办管理与需求评估

上海长期护理保险由医保中心负责经办，长护险还在不断完善中。整体流程：居民向街道或通过网络提出申请，卫计委开发的专门量表有特定的算法，以此进行评估，评估后进入护理机构的分配环节，分配后由相应的护理机构提供服务，再到结算环节，结算环节涉及与医疗保险的协议。

医疗保险监督监察所拟定监管方案，主要是现场抽查。第一个阶段是对评估服务的监管，第二个阶段是对照护服务监管，第三个阶段是对支付结算的监管。第一阶段是现场抽查和数据监控，主要监督申请人的资格和评审记录。个人评审和集体评审不同的要抽查。大量工作通过网上监控，监控的内容是评估机构的服务人次、服务量，重点监督绿色通道病种与大数据死亡率是否匹配，服务地点是否互斥等。第二个阶段是对照护服务的过程进行监管，因为申请人的居住地点很分散复杂，所以挑战很大，如数据疑点追踪，结算异常分析，服务人员、服务项目和地点有没有互斥，服务对象频繁变更服务方式是否有疑点，确定疑点后再对现场抽查核查。第三个阶段是支付监管，靠信息系统数据控制。例如，部分项目为女性病人服务的，男性病人如果申报将直接拦截。长护险监管的思路是全程监管。信息系统在建设中，监管也在探索中。

评估机构是5A等级社会组织，是最高等级的民非组织，完全以第三方评估形式参与试点。上级对试点工作很重视，试点过程中分管副区长挂帅牵头协调各个部门。第一，注重数量和质量并举，客观、公正、科学。第二，注重评估过程审核，注重政策宣传。长护险试点实施后，申请人数大幅增多，只依靠机构的评估员是不够的。所以依靠徐汇区13个医疗服务中心开展评估，a类评估员是护士，b类是全科医生。评估员严把实务操作，全过程审核。第三，评估的质量控制。现在已经开通长护险上网申请，并从常态化向精细化发展，做到质量可控制。监管人员会随机抽取评估表，现场查看老年人现状和评估员的结果现状是否一致。评估工作质量总体上是过关的。

财产险公司不同于寿险公司，在长期护理领域主要承保责任险。

养老机构在服务过程中，一旦发生责任事件，责任险即负责给老人赔付。2008 年起上海推行养老机构综合责任保险，一共三家保险公司中标。考虑养老机构投诉多，为了让养老机构安心，在理赔中对于界定不清的责任，如摔倒、喂食噎住等，保险公司也会对家属进行理赔。保费由市民政补贴三分之一，区民政补贴三分之一，机构缴纳三分之一。本公司目前赔付率基本和保费持平。未来上海将考虑慰老服务中心（送餐点、娱乐中心等）、半托性质机构的责任保险和路途上的责任保险，也包含护理工作人员的意外险。

长护险发展水平与当地社保基础水平的相关性很大。上海社保系统完善而且有梯度，基础牢固，政策梳理到位，可以把眼光聚焦到商业保险产品的开发，而其他一些地区目前只能聚焦基本险。公司的发展思路是第一要在长护项目上拓展、服务时长增加，了解特殊人群需求。目前的整体方案设计会围绕项目拓展上，特别是重度失能老人。第二部分是特殊人群结合现有政策（包括民政、救助），进行完善和叠加。第三部分是结合太平洋在全国的经验和短板，放在上海的整体方案中。

二　上海市长期护理服务机构调研情况

长护险可以当面申请、远程电话申请、网络申请、App 申请，然后统一进行评估和复核，随后进行公示和分派。护理站实行市场化运营，老人可以自己选择入住哪一家护理站。上海长护险经办打造了三个平台：建设平台、区域平台和运行平台。从老人申请到入住机构一共要经历三个环节。第一个是评估环节，评估是决定老人是否有资格申请长护险，以及待遇档次，由专业第三方机构进行评估。第二是实施环节，第三个是第三方监管环节，养老院和服务站应接受监管平台和服务对象的监管。上海通过一系列措施，力争达到"老人不动机制动、标准不动手续动、政府不动市场动"。

老年服务管理信息系统包括慰老服务。第一个系统是民政系统，这是长护险的门槛，负责公开政策、政策咨询、基本信息审核、服务派送。在民政系统中可以看到各个护理站的地址、联系电话、床位情况和轮候时间。徐汇区长护险的准入条件是居住地在徐汇区、具有医保资质、失能等级为 2～6 级。第二个系统是医保长护险系统，负责失能评估、将等级评估后反馈给民政系统，民政系统做出服务派送后由长护险系统拟定护理计划，并做监管和结算。两个系统可以实现数据互通。

长护险的服务项目包括基本生活照料和临床护理。评估费每次240 元，首次财政补贴 180 元，个人自付 60 元。低保户的评估费全额财政补贴，低收入申请者财政补贴一半，个人只要支付 30 元。失独家庭个人自付部分全部减免。老年人可以自主选择护理站。能享受长护险的社区托养分为两类：短期托护（3 个月以内）和日间照料。徐汇区的护理机构包括 31 家养老机构、11 家街政的社区服务中心（护理院），一家民办医院可以提供 50 张长护险床位。老年人可以通过民政系统查询评估结果，并且进行网上公示。民政通过短信平台将申请过程的关键信息发送给老年人，包括是否通过、轮候次序、谁做出的评估、何时评估、老年人被分派到哪一家养老机构。政府部门对护理站通过智慧卡展开宏观监控。

在没有长护险之前，民办居家养老机构主要从事 70 岁以上高龄老人的上门服务，服务范围小，运营困难，有亏损。长护险推出以后，惠及了 60 岁以上老人，扩大了服务范围。从居家上门服务到招募人员、培训，政府都给予监管和政策优惠。目前存在的瓶颈：一是专业服务人员的招聘与培养有一定困难；二是随着长护险的推行，申请居家服务的人数大幅度增加，政府应协助提高信息化、智能化程度；三是医疗上门服务是难点，导尿等上门医疗护理具有危险性。

三　现场提问与回答

Q：护理机构有多少人？服务多少老年人？标准如何划分，护理费如何分配，投资者需要投入多少？耗材如何报销，如何监管？

A：上海护理或养老机构暂时不允许提供居家养老服务。长者照护之家（小型机构，49 张床位以下）颁发福利证照，可以提供上门服务。最大限度为一位工作人员每天能服务 10 个人，每次上门时间一个小时。上门服务的标准是 65 元每人次。护理机构场地的要求由卫计委来定，主要开销是租金、管理人员工资。按照民非注册标准，门槛资金为 10 万元。护理人员实行员工制、缴纳五险一金，护理机构会购买雇主责任险。卫计委加强医疗上门服务的资质选择。调动机构的积极性。医疗照护资质的培训费用人均 2000 多元，政府出资 80%，企业或个人出资 20%，如果企业培训人数多，可能全部由政府出资。特定范围的耗材可以报销，如胃管、导尿管等。因为不经常使用，比较容易从数量上监管。

Q：36 号文发布以后，养老机构鼓励公办民营，养老院及长护险发展如何？如何应对长护险引起的需求增大？

A：现在上海 80% 的养老院是公办民营。徐汇区有两家公立养老院，有一定数量编制，实行收支两条线管理。也鼓励民营企业参与长期护理，但长护险的基本思路是"保基本"，核销的护理费有固定限额，不能扶持高价格护理机构的发展。长护险的补助标准可以满足老年人基本护理需求。上海市已经就公办养老机构和社会养老机构的发展下发了专门的文件，将两者同时考虑。

Q：对残疾失能人群、失独老人、低保老人有没有优惠政策？

A：上海有三优先政策，对身体无自理、经济无自主、家庭无照护人员开通绿色通道，保费减免，优先审批。原则是进入公办养老或护理机构，保基本。

Q：上海是否有康复院？

A：有康复院，徐汇区就有一家，也可以享受长期护理保险。上海对 10~49 张床位的护理机构发放福利机构证照，所以可以提供上门服务和机构照护。50 张床位以上发放行政许可，只能提供机构照护，但在机构中只能提供生活照料，不能提供医疗服务。

Q：护理行业服务人员和服务对象之间的比例是多少？服务对象当中，居家照护和机构服务的比例是多少？

A：护士护工加在一起，与服务对象的比例大约是 1∶2，申请居家服务和机构服务的比例基本是 1∶7，下一步居家人员预计会增长。下一步工作的重点，是将失智患者纳入长期护理保险，目前失智老年人只有社区和养老机构有少量床位。

成都"长期护理保险"制度
探索调研实录摘要

　　2017 年 7 月 4 日中午，中国社科院世界社保中心调研组与成都武侯区人社部门相关负责人进行座谈，了解成都市长期护理制度的出台背景和实施内容，聆听了成都武侯区探索相互制长期护理保险的总体思路。

一　成都长期护理保险制度建立的背景

　　长期护理保险制度的建立有助于积极应对人口老龄化、促进社会经济发展。成都市作为国家确定的长期护理保险制度的试点城市，其面临的现状如下。

　　一是保障群体覆盖范围有待扩大。成都现有 60 岁以上老年人口 300 万人，重度失能率为 0.54%，占老年人口的 2.52%。据测算，成都市人口中重度失能人员为 7.55 万人，但目前纳入试点保障范围的仅是城镇职工重度失能人员（3.58 万人）。目前长期护理保险试点中未将中度失能、失智等人群纳入保障范围，且多地试点暂时未将城乡居民纳入保障群体中，因此需要建立相互制长期护理保险予以补充。

二是筹资来源的局限性。现行长期护理保险试点资金主要由个人及第三方承担，需要通过相互制扩大资金来源，增强参保积极性。

三是保障待遇水平有待提升。个人自付部分较高，为满足更高层次的需求，有待建立相互制长护险予以有益的补充。

四是保障项目的局限性。现行长期护理保险制度更加注重保基本，需要建立补充型的长期护理保险，满足人民更高层次的保障需求。

成都正在探索将相互制保险机制引入长期护理保险制度框架内，实行政府监督管理、会员共同管理。由于制度创新、思路新颖，此次调研重点放在了对相互制长期护理保险模式的设计初衷、重点难点和可行性等问题的考察上。

二 访谈实录摘要

（一）关于成都武侯区开展相互制长期护理保险的考虑

Q：成都武侯区试点方案基本情况？

A：成都相互制长期护理保险制度试点方案主要由商业保险公司承接经办业务，通过竞标获取资格，通过谈判确定管理费率。

Q：成都武侯区相互制公司管理形式是怎样的？

A：考虑到设立独立的相互制保险公司，成立会员代表大会作为决策机构，会员代表大会类似于人大常委会推人大代表的程序。相互制保险公司有自己程序、内部章程，单位有工会主席和社区作为会员代表参与。会员有哪些不理解，可以向会员代表咨询。

Q：相互制保险公司的运营经费来源和收益如何决定？

A：结合国外经验，前期以长期借款人出资为主，通过保险运营偿还还本付息。需要理顺治理结构，更加精细化。

股份制保险公司是要盈利的，委托相互保险公司可以不考虑盈利。商业保险公司要盈利，相互保险公司可以不考虑盈利，但并不等于不盈利。相互保险公司实行会员制，可以发挥会员的积极性来降低费用率，降低成本。

Q：相互制长期护理保险与社会保险的联系？

A：首先相互制长期护理保险的定位是社会保险和商业保险相互结合、相互促进，融合发展的。相互制长期护理保险与社会保险的联系：两者均是非营利性的，优先考虑参保人利益。不同之处：两者行政主体不同，社会保险带有一定的强制性，政府设置专门机构管理，业务范围重在广覆盖、保基础。相互制长期护理保险实行市场化运作，定位于人社系统长期护理保险的补充，是承接政府保障的延伸。相互保险是社会保险的有力补充。

Q：相互制长期护理保险会遇到哪些问题？

A：一是筹资合理性问题；二是待遇认定比较严格；三是享受人群和覆盖范围比较狭窄。对于一个险种来讲，中国这么多老年人，光有基本长护保险远远不够。相互制模式的特点：一是费率低；二是会员制；三是政府政策扶持、资金支持和行业管理。何为政策扶持呢？成都市长期护理保险制度试点方案提到，长护险经办管理由政府通过购买服务的方式委托给商业保险或相互健康保险等机构，通过委托第三方的方式参与长期护理保险的经办管理。提供一些优惠政策，具体而言，如果参加相互保险制度的会员，可以在制度设计上给予优惠，试点时可以由社保与单位或企业进行沟通，了解其是否愿意参加相互保险，利用政府的数据资源和管理优势。

Q：《保险法》是否有规定相互保险公司可以承接公司外的业务

吗？作为成都的基本长期照护保险受托其管理，保险法允许吗？

A：要通过政府购买服务。对商业保险公司也是如此，购买服务，对于落地的长期护理保险目前来说，没有什么政策障碍。

Q：政府如何定位长期护理保险制度？

A：第一，政府的定位为基本；第二，现在适用人群范围只是参加了城镇职工基本医疗保险的参保者。经测算，成都覆盖城区人群范围不到4万人，占比不到3%，失能、残疾还需要认定。个人缴纳的基本医疗保险费用中，根据人头划入部分缴费。按总额（整个医疗保险缴费人群的总额）进行划分，机构划了0.1%～0.3%。比如40岁以下可能因为意外，40岁以上可能因病、年老等原因，个人账户划的比例不一样。需要注意的是，退休者需要缴费，40岁以下支付0.1%，40岁以上到退休时支付0.2%，退休后按照0.3%划。

Q：成都长护险失能等级如何认定？

A：主要有三类，对应的支付标准不一样。鼓励以居家护理为主，机构护理为辅，所以居家报销比例会高些，70%左右，机构报销比例会低些，低于70%。成都的筹资标准以护理标准按照当地社平工资收入的50%。失能人员需要人去照护，需要支付服务费用。服务费用不是全额，个人需要支付的费用，因为定位为保基金，费用按照社平工资的50%进行支付，剩余自付，其实就相当于给护理人员补贴了50%的工资。护理人员的工资按照社平工资来补贴，因为照护时间、失能程度不一样，所以等级不一样。支付费用不是全额支付，因为定位是保基本。

Q：成都护理需求标准怎么做？

A：现在护理需求和标准的两个文件出来了。成都共出了三个文件，一是对失能的鉴定；二是对护理人员技能鉴定，例如服务水平；三是如何考核，对经办机构做考核和监督。成都鼓励居家，一定要按照市场价购买服务包。

Q：相互制保险公司经办与社保经办机构自己经办有什么不同？

A：不一样，这个问题需要解决。一是随着城镇化人口不断增加，群体越来越大，经办业务量增加；二是老龄人口越来越多，经办机构缺编制和缺经费，公共服务供给难以扩增。如果交给商业保险公司经办，政府只管考核，只管群众满不满意，会员高不高兴。相互保险公司是商业机构，只是与人社业务密切结合的一种机制。这是没有先例的。必须有这样的公司来承接业务，政府来兜底。管理费用依然从保费那边出。

Q：相互制保险公司建立的基本要求是什么？

A：相互保险公司发起人数量为 500 人，其建立的关键在于要有牌照，全国不低于 1 亿元，区域不少于 5000 万元。相互保险公司的产品设计需要资金平衡的精算，待遇发放要根据筹集的资金进行测算。不同年龄的参与者，其费率制定会不同。

（二） 法国 MGEN 公司开展相互保险的经验

Q：MEGN 相互保险是否设置门槛？是否可以退出？

A：MEGN 相互保险并未设置门槛，这是其在基数比较大的前提下，并不是年龄越高，给予的待遇越高，而是所有人的保险的内容是一样的。根据年龄稍微有区别，通常根据收入的一定比例进行缴费，与我们的社保是类似的。工资多少，按照一定比例来交，而不是根据年龄或是身体状况进行缴纳。不过年轻人和年长者还会有细微的差别，因为在市场上需要有一定的竞争力，原则上不做这一区别。正常险是一年一次，不像人寿险，而且 MEGN 的一个特点：一般保险公司的退保率为 20%，MEGN 会员退保率为 1%，比较低。

Q：相互保险不是从年轻的时候买一个权利，缴费越长，权益越大，这个跟医保一样，今天交，今天享受，明天交，明天享受，所以年轻人不愿意交，怎么鼓励年轻人参保？

A：长期护理保险就有考虑到这方面，如果仅是老年人用这个保险，年轻人就不缴费。所以说考虑到年轻人因交通事故或是重大疾病造成失能，可以享用这个照护险。因为相互保险是会员制，会员有沟通和决策的机制，所以长期护理保险刚推出时，讨论是很激烈的。年轻人可能会不同意，觉得这个用处不大，后来会形成一个妥协，大家也知道我们都会老，这种风险是会发生在每个人身上的，而且这个风险也是可以覆盖到年轻人的。当年轻人有疾病和事故时，也会对其进行保障，最后形成妥协，通过长期护理保险，将长期护理保险纳入基本险里面。

Q：年轻人可以在失能期间参保，失能发生以后参保，参保的费用是一样的吗？

A：可以的，他们有健康险。2010年推出长期护理保险，会员里已经有5000人是失能的状况，通过财务测算，专门提出针对这些失能者，马上可以领保险。

Q：如何让年轻人参保？

A：MEGN本身是健康保险公司，除了基本险之外，还加了补充健康险。健康险，起到补充健康的作用，长护险是这里面的一部分，而不是单独的一个险种。参与者首先要加入健康险公司，然后再成为会员。

Q：健康险是商业保险公司，不是政策公司。优势在于有好几十年商业健康的历史，有传统的顾客群，这个顾客群已经存在60多年了。2001年，在险种上生出一个新的险种，客户还是那一群人，这样可以运用大数法则，否则单独自己一个长护保险公司的话，年轻人估计不加入。如果没有健康险，个人为什么要成为相互制保险公司的会员？

A：我们设想参保 500 人，每人医保拿出 5 元作为相互保险的保费，个人不掏钱，单位不掏钱，政府暂时不用出资，就是积极发挥长护险基本保障作用，一人一年 5 元，120 万人，一年 600 万元，按照这一钱数制定标准。

Q：法国是"二战"后建立的健康保险公司，长护险是 2010 年才有的，因此需要在健康险公司加入会员，才增加长护险，如何招募会员？这就相当于这个地区的基本保险之外，生成了长护险，这个原理就相当于只要你参加了基本医疗保险，就自动成为会员，对不对？实际上在这个制度中已经形成了会员，参保人就是会员。

A：政府帮助建立或是引导他们缴费。

Q：参保人凭什么成为法定会员？如何将参保人变成会员？

A：会员制是核心，需要跟保监会探讨如何招募会员。实际上，保险可分为三类。一是社保经办，社保经办主要针对国家提供的保险。二是相互保险，跟商业保险不一样，不是每个人单独的、个人的合同，相互保险的加入是会员制，缴会费，大家的保险是一样的，但是完全是自愿的。会员制，没有股东，所以会员就是机构所有者，每年有盈余的话，可以通过会员大会决策机制决定，如果盈余多，可以适当降低保费或是提高待遇，如果盈余不够，可能需要适当提高保费，每年进行一次调整，这是相互保险的运行机制。保费水平和保险产品由会员共同决策。三是传统的商业保险公司，例如健康险等。

Q：健康保险客户多少人，相互保险会员多少人，两者之间差距多大？

A：健康险与相互保险会员人数一样。

Q：买健康险的同时，自动成为相互险的会员？

A：MEGN 的健康险就是相互制保险。

Q：像成都武侯区试点相互制保险，其会员有多少？

A：目前，武侯区潜在会员有 108.4 万人，整个成都市潜在会员有 1572.8 万人，全四川省潜在会员达到 8262 万人，西南地区的潜在会员将达到近 3 亿人。

北京海淀"失能人员医疗照护保险"调研实录摘要

2017 年 7 月 19 日下午,调研组来到中国人民人寿保险股份有限公司北京分公司,与该公司"海淀区失能护理互助保险项目"的主要负责人和业务人员进行了座谈。人保寿险北京分公司介绍了海淀区居家养老失能护理互助保险的出台背景、项目内容以及面临的主要困难及建议,并对课题组提出的问题进行了逐一解答。

一 海淀区失能护理互助保险情况简介

经过 3 年的深入调研和缜密论证,海淀区政府与人保寿险联合探索建立了失能老人居家养老护理保险制度。自人社厅发〔2016〕80 号文出台以来,试点地区结合各地实际情况对建立长期护理保险制度进行探索,形成了不同的制度模式。目前,国内不少试点地区选择了以政府主办的社会保险来建立长期照护制度,但与此不同的是,海淀失能护理互助保险制度引入了商业保险,形成了个人、政府和保险公司参与的风险分担机制,借鉴了"预交风险损失补偿分摊金"的互助保险模式,是目前全国范围内唯一一个政府主导、脱离社保、商业化运作的护理险项目。

二 访谈实录摘要

（一） 海淀区失能护理互助险的定位和性质

Q：针对人口老龄化，如何能够实现既不让政府面临太大压力，又不让商业保险亏损，同时又解决长期照护这个问题？就海淀区失能护理险的称谓而言，是参保还是投保，是政府的事还是商业的事？

A：商业保险机构有其独有的优势，如服务团队和服务网点等，服务触角能够深入社区，这是社保机构不具备的。

海淀失能护理险这个项目的设计规则融合了社保和商保的特点。首先我们为这个项目专属设计了一个产品，并报保监会批准，将制度的服务保障内容进行了条款化。这个产品本身就是一种创新。因为政府也认为，这是商业保险公司的一个创新性产品，政府是这个产品的战略合作者。保监会将来可能会出台关于长期护理险的细化规则，使护理险真正归于护理保障。现在市场上销售的护理险有很多种，报销的、年金的、长期意外险等，很多不太符合护理险实质意义的保险产品，只是借用了护理险的名字，内容实质上不是做长期护理的。

在具体实施方面，海淀区失能护理险的参保流程和参保凭证是专门设计的，根据政府部门的建议，用的参保申请书，就称谓而言，客户习惯叫参保，保险公司服务人员习惯叫投保。

Q：未来的发展方向是什么？

A：我们设计的是"1 + N"产品体系，这个"1"就是失能护理互助保险主产品，这个"N"是指未来陆续推出的其他补充性护理产品，以满足不同参保人群的个性化需求，比如丧葬、心理慰藉等。

Q：与人社部的长护险相比，你们如何定位你们的产品？

A：与人社部将来可能要做的长护险相比，我们的设计定位是社会保险的补充险。比如，人社部门的家庭病床是有医疗费的，而我们在设计产品的时候为避免责任重复，家庭病床的医务费用我们产品里是没有的。我们的服务边界与人社部的是分开的、清晰的，人社部长护险中能报销的费用，我们这里就不覆盖了。我们的定位就是不重合，所以我们主要是做生活照护，将来如果可能的话，会慢慢向医疗护理方面扩展，而且医疗护理部分其实也是可以由商业保险单独做的。

Q：如果将来国家统一制定了长护险政策，也都包括了你们这些项目，那怎么办？

A：据了解，现在很多机构都在跟政府谈，基本都是一地一定，各地差别很大。如果将来国家制定统一政策的话，那可能所有的所谓补充性保险都要相应调整，但是也可以无缝对接。我们商业保险本来就定位为第二支柱。当政策发生变化时，保障的边界会发生变化，但是保障的金额不会变化。

（二）海淀区失能护理互助险的制度设计

Q：根据规定参保人从 65 岁开始可以享受待遇，缴费年满 15 年。那么会不会有很多人都是选择在 50 岁时才开始缴费，缴满 15 年？

A：针对这个问题，其实大家可以看到，我们产品设计中的一些费率参数是有测算模型的，这点与社保类似，参照系数也主要是根据通货膨胀和人力成本变化进行调整。但我们的费率调整还要看参保情况和政府的指导意见。其实早参保晚参保都是没有问题的，只是晚参保的话缴费金额会更高，而早参保则相对较低。

目前还处于制度推出的前期阶段，我们更注重宣传，没有强制性参保的安排。所以只是根据不同参保年龄结构将缴费标准分成了三档。前期我们设定的覆盖人群目标将会逐步实现，我们认为，等后期各种运营设计、服务项目全部到位之后，特别是在有参保人开始享受服务之后，参保人很快就会多起来。

Q：参保后，如果有人想退出怎么办？

A：没有退出机制，因为我们是互助保险的概念。除了特殊情况，比如移民了，但即便如此也是需要申请的，由老龄办负责审批。其实对于个人而言，保障的金额远远大于缴费投入，原因有三：一是以户为单位参保，可以继承；二是有身故丧葬补助；三是参保者从55岁开始可以享受健康管理。我们做的理论测算只考虑参保和支付，不考虑退出。

Q：如果调高缴费后，个人不愿意交了怎么办？

A：首先我认为缴费调整机制是一个客观合理的调整机制。如果因为个人原因选择退出中断缴费，那么就互助了，就算做贡献了，是不能退的，但可以允许在3年内续缴，但续缴的话就不能获得20%的政府补贴了。

Q：为什么要以户为单位进行参保？

A：以户为单位进行参保主要考虑两方面因素。一是解决参保率的问题，而且年轻人和老年人同时参保可以解决参保人结构的问题，常规家庭保单我们是按3来测算的。二是保险的受益性。家庭成员之间有一个继承的情况。比如有一个人没有享受到政策就身故了，但因为家人继承，还是可以受益的。有此设计，人们也更愿意参保。

Q：护理险基金池的收益情况如何？归入何处？

A：根据万能险的要求，要有2.5%的保底收入。但就这个产品而言，我们保险公司是没有任何收益的。保证收益和分红收益会全部回到公共账户，也就是统筹基金账户，这是与政府有协议约定的，是做了承诺的。实际上这就是由我们商业机构做了一件非营利的事情。对于服务民生服务社会保障的政策性业务，我们看重的是社会效益，而政策性业务的参保人也是我们商业保险的参保对象，对我们商业品牌还是有宣传作用的。

（三） 护理服务的项目、定价及服务商

Q：你们的服务项目覆盖到机构了吗？

A：我们应该是全覆盖的，目前筛选的是综合性服务项目比较全能的机构和专业服务商。我们的服务项目清单是靠所有服务商支持的，所有服务原则上是要求能上门服务的。但后来发现是否需要上门服务也得看家庭情况，包括参保人的失能情况，比如失智老人就不太适合上门服务。所以我们有第二层面的机构，即社区，1.5公里内的社区，这样一来也压缩了交通成本。所以说，我们总共有三个层次，居家、社区和机构，全部都覆盖到了，但主要是居家，实在必须要集中托管养老的才找机构。钱是跟着人走的，人选择去哪，服务、钱就跟着去哪。

我们有一套服务计划和项目。在服务保障价值方面，我们负责支付，超出部分可以自费。对于个人而言，可以有两种自由选择：一是服务商，我们有很多服务商；二是服务包的组合内容。投保人可以选择服务计划，也可以选择个性化的服务项目，但超出部分需要自付。我们有一个职业角色叫服务规划师，他会推荐一个最适合参保人的服务计划。参保人可以签字确认所推荐的服务计划，也可以根据个人需求调整服务计划中的内容。但所有项目的价格都是确定的，总服务计划的价格不能超过总额度限制。

另外，我们也要考虑家庭责任问题，不是所有责任都是由政府承担的，能够且需要由家人承担的一些责任不能全都由政府承担。

Q：投保人所选择的项目去哪里能够享受到？

A：我们以上门居家服务为主，提供的服务项目都是上门居家的，这也是为了缓解机构的压力。经失能评估后，确定通过上门居家服务不能满足需求的，才考虑到机构。而从实际需求看，大部分参保人都是愿意在家，对机构的意愿稍少。而且，目前来看，社区服务也是一个不错的选择。

Q：你们的服务项目是如何确定的？

A：我们现在的服务项目不是我们主动选择的，而是政府根据国家政策的指引导向和老年人的现实服务需求进行的选择。商业保险测算的项目首先要调研需求，然后基于保障责任的成本要求进行测算。

Q：如何监控服务商的服务质量？

A：我们有专门的服务规范，对机构的服务效果进行监管和评估。我们要求全流程监控视频回传。而且服务商是前置服务的，我们次月审核支付费用。智能服务平台可以规范化、流程化服务。

（四）测算与风险

Q：你们的测算主要考虑了哪些影响因素？

A：有两个系数的变化会对我们的模型产生较大影响：一是预测的参保人群结构；二是失能发生率。

Q：你们测算时，参保人的年龄中位数是多少？

A：我们测算的是 45～50 岁，虚拟模型中各个年龄段都有不同比例，但这个年龄段是最多的。我们也预测了 50~65 岁临时性参保可能更多，尤其是在制度推出初期。目前看来，事实也的确如此，与我们当初的预测是一样的。

Q：估计未来享受待遇的是重度失能多一些，还是中轻度多一些？如果是重度的多，对机构的需求是不是更大？

A：重度的应该多一些，但得看具体情况，对于重度失能的评估标准与我们常规的理解存在一定偏差，包括跟医学上的理解也不同。比如说癌症患者，从医学角度看应该是属于重度失能，但其实很多生活是可以自理的，这就不符合我们对重度失能的定义。我们考虑还是以生活照护为主，医疗护理服务是边界，目前牵扯比较少。这个也考虑到医保那边保障的比较多，以免交叉。

Q：大家对护理险的态度如何？你们的测算准确度如何？

A：从我们的意愿性调研来看，所有人都非常支持护理险这个项目，如果政府再提供一些补贴就更好了。

至于理论测算的准确性不好说，我们已经尽可能地考虑了很多因素，包括重度失能后的预期余命等，所以我们认为至少 3 年后根据追踪分析的情况才能看出现实与理论测算有多大偏离。

（五） 商业保险机构与政府部门合作

Q：商业保险力量进入护理险的难点在哪？

A：商业保险机构进入护理险的难度主要在于精算的难度，首先，目前能够积累使用的护理险测算数据太少，而且由于标准的不统一，数据差异也特别大。比如对各年龄段的失能发生率预测。其次，参保人参加长期护理保险，更多希望在发生失能状况时，有相应的服务满足护理的需要。因此，护理险不简单是保险产品问题，而是一个产业链问题。

Q：对于由商业部门参与情况下的政府责任问题，您怎么看？

A：其实我们也希望政府能出面成立一个机构，既能协调调度各界专家力量，又能公平的协调相应的制度和运营，同时还有一定监管的性质，以保证项目的技术调度和社会公信力。

后 记

《中国长期护理保险：试点推进与实践探索》是中国社会科学院世界社保研究中心承担的"我国长期护理保险制度试点重大调研"项目的成果，该项目由中国社会科学院—上海市人民政府上海研究院资助，研究周期是 2017 年 4 月至 12 月。接到研究任务后，中国社会科学院世界社保研究中心迅速组织研究力量，编制调研计划，在人力资源和社会保障部医疗保险司的大力支持下，先后对长春、青岛、南通、上海、成都等试点地区和北京海淀区进行实地调研，并对中国保险行业协会的全国 24 个城市长期护理需求问卷调查数据进行了统计分析，最终完成调研报告，并在此基础上编纂此书。

长期护理保险是我国于 2016 年 6 月启动试点的新的社会保险项目，在此之前，青岛、长春和南通已经进行了 1~4 年的探索。中国社会科学院世界社保研究中心团队较早时期就开始关注并持续参与部分地区的试点政策讨论，先后多次赴青岛和南通调研当地长期护理保险制度（青岛称之为"长期医疗护理保险"，南通称之为"基本照护保险"）的探索和实施情况，积累了一定的知识并形成了初步认识。2017 年 6 月，项目组赴长春、南通、上海，7 月赴北京海淀，8 月赴青岛，9 月赴成都，进行密集且翔实的实地调研。每到一处，调研均按"政府主管部门座谈＋服务和经办机构座谈＋享受待遇人员访谈"

并举的形式展开，累计形成了数万字的访谈记录和近百小时的访谈录音。与此同时，项目组成员还在不断补充文献资料，最终按时完成调研报告，经过整理，完成《中国长期护理保险：试点推进与实践探索》一书的编写工作。这是国内首部详细记录长期护理保险主要试点地区的政策出台背景和试点实施情况，内含的一手资料可为学者提供研究素材，为政策决策提供重要参考。

这项研究得到了人力资源和社会保障部医疗保险司的大力支持，陈金甫司长（现任国家医保局副局长）高度重视，彭康康副处长积极联络，确保调研工作顺利展开。感谢调研所到之处地方政府的积极配合。长春社会医疗保险管理局严军书记、胡丹处长、刘相鹏处长和医保局干事武明光参与座谈，详细介绍了长春失能人员医疗照护保险实施情况，严军书记和胡丹处长陪同项目组到护理机构参观调研并参与座谈。南通市人力资源和社会保障局高度重视调研工作，凌建华局长、顾忠贤副局长向项目组详细介绍了南通基本照护保险试点探索过程和政策考虑，医保处陈志军处长、医保基金管理中心孙华主任和陈艳副主任详细介绍了具体实施情况，顾忠贤局长等人陪同参观南通照护保险中心，该中心主任王晓燕女士详细介绍了经办流程，陪同项目组参观调研护理服务机构并与服务机构负责人和被照护者家属等进行座谈，平安医疗健康管理江苏分公司的陆思东总经理、平安养老南通支公司的黄慧青总经理详细介绍了商保机构参与经办的经验。上海市人力资源和社会保障局郑树忠副局长在繁忙工作中专门拨出时间与项目组进行座谈，详细介绍上海长期护理保险制度试点推出的过程，该局定点医药监管处姚红副处长、医保事业中心秦德霖副主任、医保监督检查所董晓英副所长、医保处顾颂副调研员、徐汇区社会组织评估中心姚爱伦主任以及太平洋人寿上海分工公司李颖婕经理等人分别从政策解读、管理流程、失能鉴定、经办服务等角度详细介绍了上海试点经验，定点医药监管处副主任科员卫勇平积极联络，确保项目组调研任务顺利完成，徐汇区民政局施涛局长等人详细介绍了徐汇区长期护理服务开展情况，并向调研组演示了利用信息平台全程高效监管服务数量和质量的工作流程，徐汇区第三福利院等多家服务机构负责人畅谈长护险制度对失能人员长期护理服务的推动作用，并提出了很多良好的建议。北京海淀区是非试点地区，但其创新开展商业互助保险模式颇受关注，承接该项业务的中国人民人寿保险股份有限公司有很多创新做法，该公司互动业务部总经理助理齐维珊女士向项目组详细介绍了海淀区长期护理互助保险的设计理念、前期准备、工作流程、政府支持以及产品详情，对项目组的提问详细解答，使项目组成员对这一商业产品有了深入了解，对研究长期护理补充险有很多启发。青岛市社会保障事业局高度重视项目组的调研，刘林瑞副局长详细介绍青岛医疗护理保险制度实施背景，对 5 年实施的成果、问题和经验详细解说，对项目组刨根问底式的提问耐心解答，护理保险处张雅娟处长冒雨陪同项目组到长期护理服务机构参观座谈并入户调研，太平养老保险股份有限公司青岛分公司团险业务部的刘超经理全程参与调研，就商保经办的体会和经验与项目组深入交流，福彩四方老年公寓杨乃发院长陪同项目组参观服务机构并与护理对象家属愉快交谈；项目组成员先后两次赴成都参与研讨，成都武侯区人力资源和社会保障局刘纯局长详细介绍了成都试点情况，重点介绍了成都创新开展的长期护理相互保险探索，并就此问题与项目组进行了多次深入交流。正是这些地方领导和参与公司相关部门负责人的热心和热情，才使得项目组对各地试点和探索经验有了深切体会和全面掌握，为项目研究和调研报告的形成给予巨大贡献。在此，我们表示衷心感谢，也为这些地方官员和相关公司负责人的社会责任心和对学术研究的无私支持点赞。

我们衷心感谢中国社会科学院—上海市人民政府上海研究院原常务副院长文学国先生和现任常务副院长赵克斌先生，感谢上海研究院主管科研的第一副院长李友梅和原科研处处长熊厚对研究项目的支持，感谢莫阳博士对项目组在上海的调研给予的协调和配合，感谢孙南翔和樊朝霞在项目立项和结项过程中的协助，感谢陈文彦对该书出版付出的辛勤工作。

项目调研过程中得到多方大力支持，尤其是许多服务机构的负责人不辞辛苦聚集起来与项目组座谈，畅所欲言，提出的经验、反映的问题翔实有据，为项目研究拓展思路给予很大帮助，这里虽不能逐一提名感谢，但他们的贡献已牢牢记于每一位项目组成员的心中。

感谢上海研究院将本调研报告列入智库报告系列并予以资助出版。感谢社会科学文献出版社的大力支持。

本调研报告的作者及分工见附表1。

附表1　调研报告作者分工

分报告序号	题目	作者及单位
前言	研究背景与设计	张盈华，中国社会科学院世界社保研究中心执行研究员、社会发展战略研究院副研究员、博士
总报告	长期护理保险的试点探索与制度选择	郑秉文，中国社会科学院世界社保研究中心主任、郑州研究院常务副院长、博士、教授、博士生导师；张盈华，中国社会科学院世界社保研究中心执行研究员、社会发展战略研究院副研究员、博士；沈澈，中国社会科学院世界社保研究中心执行研究员、美国研究所博士后、博士；高庆波，中国社会科学院世界社保研究中心执行研究员、社会发展战略研究院副研究员、博士；赵秀斋，中国社会科学院世界社保研究中心执行研究员、北京劳动保障职业学院讲师，博士
调研报告	青岛：长期护理保险制度的"吃螃蟹者"	房连泉，中国社会科学院世界社保研究中心秘书长、社会发展战略研究院研究员、博士
	长春：失能人员医疗照护的"坚守者"	高庆波，中国社会科学院世界社保研究中心执行研究员、社会发展战略研究院副研究员、博士

续表

分报告序号	题目	作者及单位
调研报告	南通："全覆盖"的基本照护保险	张盈华，中国社会科学院世界社保研究中心执行研究员、社会发展战略研究院副研究员、博士
	上海：建成较为完善的长期护理需求评估和服务标准体系	孙永勇，中国社会科学院世界社保研究中心执行研究员、华中师范大学副教授、博士
	成都：按年龄段区别缴费的长期护理保险制度	齐传钧，中国社会科学院世界社保研究中心副秘书长、社会发展战略研究院副研究员、博士
	北京海淀：商保承办的失能护理互助保险"试水者"	高庆波，中国社会科学院世界社保研究中心执行研究员、社会发展战略研究院副研究员、博士；齐维珊，中国人民人寿保险股份有限公司互动业务部总经理助理
调研实录	青岛"长期医疗护理保险"制度试点调研实录摘要	赵秀斋，中国社会科学院世界社保研究中心执行研究员、北京劳动保障职业学院讲师、博士
	长春"失能人员医疗照护保险"试点调研实录摘要	张盈华，中国社会科学院世界社保研究中心执行研究员、社会发展战略研究院副研究员、博士
	南通"基本照护保险"制度试点调研实录摘要	李亚军，中国社会科学院世界社保研究中心执行研究员，山东工商学院讲师，博士
	上海"长期护理保险"制度试点调研实录摘要	沈澈，中国社会科学院世界社保研究中心执行研究员、美国研究所博士后、博士
	成都"长期护理保险"制度试点调研实录摘要	刘桂莲，首都师范大学讲师、博士
	北京海淀"失能人员医疗照护保险"调研实录摘要	杨洋，中国劳动和社会保障科学研究院副研究员、博士

中国社会科学院世界社保研究中心主任　郑秉文

中国社会科学院世界社保研究中心秘书长　房连泉

中国社会科学院世界社保研究中心执行研究员　张盈华

2018 年 1 月 10 日

图书在版编目（CIP）数据

中国长期护理保险：试点推进与实践探索／张盈华

主编. -- 北京：社会科学文献出版社，2019.7（2021.12 重印）

（上海研究院智库报告系列）

ISBN 978 - 7 - 5201 - 4753 - 8

Ⅰ.①中… Ⅱ.①张… Ⅲ.①护理 - 保险制度 - 调查

报告 - 中国 Ⅳ.①F842.625

中国版本图书馆 CIP 数据核字（2019）第 075544 号

· 上海研究院智库报告系列 ·

中国长期护理保险：试点推进与实践探索

主　　编／张盈华

出 版 人／王利民

责任编辑／杨　雪

文稿编辑／杨　木

责任印制／王京美

出　　版／社会科学文献出版社·城市和绿色发展分社（010）59367143

　　　　　地址：北京市北三环中路甲 29 号院华龙大厦　邮编：100029

　　　　　网址：www. ssap. com. cn

发　　行／市场营销中心（010）59367081　59367083

印　　装／北京虎彩文化传播有限公司

规　　格／开　本：787mm × 1092mm　1/16

　　　　　印　张：15.25　字　数：193 千字

版　　次／2019 年 7 月第 1 版　2021 年 12 月第 2 次印刷

书　　号／ISBN 978 - 7 - 5201 - 4753 - 8

定　　价／88.00 元

本书如有印装质量问题，请与读者服务中心（010 - 59367028）联系